P. Gregor Hohmann OSA

KLEINES RITUALE

Pastoralliturgische Reihe
in Verbindung mit der Zeitschrift
„Gottesdienst"

KLEINES RITUALE

**FÜR BESONDERE PASTORALE
SITUATIONEN**

Erarbeitet im Auftrag der
Internationalen Arbeitsgemeinschaft der
Liturgischen Kommissionen
im deutschen Sprachgebiet
gemäß den geltenden liturgischen
Büchern und Studienausgaben
in den katholischen Bistümern
des deutschen Sprachgebietes

Herausgegeben
von den Liturgischen Instituten
Salzburg – Trier – Zürich

BENZIGER
Einsiedeln · Zürich

HERDER
Freiburg · Wien

Die Ständige Kommission für die Herausgabe der gemeinsamen liturgischen Bücher im deutschen Sprachgebiet erteilte für die aus diesen Büchern entnommenen Texte Nachdruckerlaubnis. Die über den Bestand dieser Bücher hinausgehenden biblischen Texte sind Teil der von den Bischofskonferenzen des deutschen Sprachgebietes approbierten Einheitsübersetzung der Heiligen Schrift.

Mit kirchlicher Druckerlaubnis
Alle Rechte vorbehalten
Printed in Germany
Gesetzt und gedruckt
in der von Alfred Riedel gestalteten Adamas-Antiqua
in der Offizin Herder in Freiburg im Breisgau
1980
Benziger: ISBN 3-545-50560-X
Herder: ISBN 3-451-18959-3

VORWORT

Das vorliegende „Kleine Rituale" versucht einen oft geäußerten Wunsch zu erfüllen:
Es bietet in einem einzigen Buch zunächst einmal alle sakramentalen Feiern, die beim Versehen eines Kranken oder eines Menschen in Todesgefahr nötig sein können, und enthält darum sowohl die unmittelbaren Krankensakramente und Sterbegebete wie auch Feiern für Taufe und Trauung und andere Riten wie Aufnahme gültig Getaufter, Lossprechung von Kirchenstrafen und Generalabsolution.
Außerdem bietet das „Kleine Rituale" eine einfache Handreichung für Fälle, in denen bei einer Feier unvorhergesehen das entsprechende liturgische Buch nicht zur Verfügung steht.
Das „Kleine Rituale" soll mit diesem Angebot die anderen liturgischen Bücher nicht verdrängen, obwohl die Ordnungen der Feiern darin jeweils ungekürzt wiedergegeben sind. Die in den einzelnen liturgischen Büchern vorgesehenen Auswahlmöglichkeiten sind jedoch stark eingeschränkt. Soweit solche aufgenommen wurden, sind sie am Rande mit A, B usw. gekennzeichnet und an Ort und Stelle hintereinander abgedruckt. Sie berücksichtigen soweit wie möglich Situationsunterschiede. Die Pastoralen Einführungen beschränken sich auf wenige Sätze, die gegebenenfalls helfen können, in den Sinn einer Feier einzuführen. Für eine Vertiefung des Vollzugs der einzelnen Feiern empfiehlt es sich darüber hinaus, immer wieder einmal die Pastoralen Einführungen selbst zu Rate zu ziehen.
Dem Hauptzweck des Buches entsprechend sind alle Feiern nur in der Ordnung „außerhalb der Meßfeier" wiedergegeben. Die Worte und Handlungen, auf die man sich im äußersten Notfall beschränken kann, sind am Ende des Buches und auf einem beigelegten Handzettel eigens zusammengestellt.
Auf Wunsch der Liturgiekommissionen und der befragten diözesanen Fachleute im Sprachgebiet wurden zu-

sätzlich noch einige im seelsorgerlichen Alltag öfters nötige Feiern aus dem „Benediktionale" aufgenommen. Die Herausgeber hoffen, daß das Buch gerade mit dieser seiner Auswahl und seiner begrenzten Zielsetzung in der Praxis gute Dienste leisten wird und zu Recht den Titel „Kleines Rituale" trägt.

INHALT

Vorwort 5

Die Sakramente der Eingliederung in die Kirche

Die Eingliederung eines Erwachsenen in Todesgefahr.................................... 9
Die Feier der Taufe eines Kindes 24
Die Taufe eines Kindes in Todesgefahr 38
Die Firmung in Todesgefahr 42
Die Feier der Aufnahme gültig Getaufter in Todesgefahr in die volle Gemeinschaft der katholischen Kirche 44

Die Feier der Buße

Die Feier der Versöhnung für einzelne 49
Der vollkommene Ablaß in der Sterbestunde .. 53
Die Generalabsolution 54
Die Lossprechung von Kirchenstrafen 57
Die Dispens von Irregularität 58

Die Feier der Trauung

Die Feier der Trauung 59
Die Konvalidation 72

Die Krankensakramente

Der Krankenbesuch........................... 74
Die Krankenkommunion........................ 75
  Der große Ritus der Krankenkommunion.... 76
  Der kleine Ritus der Krankenkommunion ... 80
Die Krankensalbung 82
  Die Grundform der Krankensalbung......... 84
Die Wegzehrung............................... 97
Der Versehgang 107
Die Spendung der Sakramente der Buße, der Krankensalbung und der Wegzehrung als zusammengefaßter Ritus und die Spendung der Krankensalbung ohne Wegzehrung bei unmittelbarer Todesgefahr 107
Bedingte Spendung der Krankensalbung 117
Sterbegebete 119

Die kirchliche Begräbnisfeier

Totenwache	135
Wortgottesdienst	135
Rosenkranzandacht	137
Litanei für die Verstorbenen	137
Gebet im Trauerhaus	140
Begräbnis mit zwei Stationen	143
Erste Station	143
Zweite Station	150

Segnungen

Aufbau einer Segensfeier	156
Segnung des Weihwassers	159
Segnung eines Kreuzes	164
Segnung eines Marienbildes	166
Segnung eines Heiligenbildes	168
Segnung eines Rosenkranzes	171
Allgemeines Segensgebet für religiöse Zeichen	173
Segnung einer Familie	175
Kindersegnung	176
Segnung eines kranken Kindes	179
Segnung eines Kranken	180
Segnung eines Hauses (einer Wohnung)	181
Segnung von Fahrzeugen	186
Segnung jeglicher Dinge	191

Quellenverzeichnis 194

Kurztexte für Notfälle 197

DIE SAKRAMENTE DER EINGLIEDERUNG IN DIE KIRCHE

DIE EINGLIEDERUNG EINES ERWACHSENEN IN TODESGEFAHR

1. Die Kirche nimmt den Menschen, der begonnen hat, im Glauben auf das Evangelium des Herrn zu antworten, durch Taufe, Firmung und Eucharistie in ihre Gemeinschaft auf. So erhält der Mensch Anteil an dem von Gott geschenkten Heil.

2. Im Sakrament der Taufe befreit Gott den Menschen von der Erbschuld und den persönlichen Sünden. Er schenkt ihm aus Tod und Auferstehung Christi neues Leben und nimmt ihn als Sohn, als Tochter an.

3. Im Sakrament der Firmung schenkt Gott dem Getauften seine unsagbar große „Gabe", den Heiligen Geist. Der Heilige Geist macht den Glaubenden Christus immer ähnlicher und stärkt ihn im Leben und Sterben zum Zeugnis für seinen Herrn.

4. In der vollen Mitfeier der Eucharistie erreicht die Eingliederung des Getauften in die Kirche ihre Vollendung. Er gehört nun zur Tischgemeinschaft der christlichen Gemeinde und ist gerufen zum himmlischen Hochzeitsmahl.

5. Die folgende kurze Form der Eingliederung ist ausschließlich für jene Fälle bestimmt, in denen ein Erwachsener oder ein größeres Kind in unmittelbarer Todesgefahr um die Taufe bittet. Außer dem Fall der Todesgefahr ist unbedingt darauf zu bestehen, daß ein Taufbewerber zunächst den Katechumenat durchläuft. Dabei ist es Sache des Ortsordinarius, über die Einzelheiten zu entscheiden. Insbesondere ist darauf zu achten, daß nicht aufgrund besonderer Umstände, wie etwa einer bevorstehenden Trauung eines Bewerbers mit einem Katholiken, die Stufen des Katechumenats übergangen werden.
Für die vorliegende Form der Eingliederung wird vorausgesetzt, daß der Bewerber die an ihn gestellten Fragen nach dem Glauben noch hören und beantworten kann, also noch nicht im Sterben liegt.

6. Nach Möglichkeit soll dafür gesorgt werden, daß wenigstens eine kleine Taufgemeinde zusammenkommt. Am Beginn der Feier soll der Priester mit dem Kranken die Reue erwecken.
Wenn der Priester, der tauft, das heilige Chrisam bei sich hat und noch genügend Zeit bleibt, soll er nach der Taufe die Firmung spenden.
In diesem Fall entfällt die Salbung nach der Taufe. Nach Möglichkeit soll die Eingliederung im Rahmen einer Eucharistiefeier (Meßformular: Bei der Taufspendung – MB II 964f) mit dem neuen Christen vollzogen werden. Ist dies nicht möglich, soll ihm wenigstens die Eucharistie gereicht werden.

7. Nur im äußersten Notfall, wenn der Todeskampf schon eingesetzt hat oder die Zeit drängt, weil der Tod unmittelbar bevorsteht, gießt der Spender unter Auslassung aller übrigen Riten natürliches Wasser, das nicht geweiht sein muß, über den Kopf des Kranken und spricht dazu die Begleitworte: **„Ich taufe dich im Namen des Vaters und des Sohnes und des Heiligen Geistes."**

8. Wenn jemand in Todesgefahr getauft wurde, aber wieder gesund wird, dann muß dafür gesorgt werden, daß er in geeigneter Weise in den Glauben und das Leben der kirchlichen Gemeinschaft eingeführt wird. Wenn er nicht alle Sakramente der Eingliederung empfangen hat, soll dies nachgeholt werden.

9. Der Priester, der in einer Notsituation die Taufe und vielleicht auch die Firmung gespendet hat, muß umgehend für die Eintragung in die entsprechenden Bücher sorgen.

VORBEMERKUNG

Für die Feier sind vorzubereiten:
Zur Taufspendung genügt Wasser, das nicht geweiht sein muß. Für die Feier in erweiterter Form sollte ein weißgedeckter, geschmückter Tisch bereitstehen. Darauf Kruzifix und Kerzen. Zur Salbung das Chrisamgefäß. Wenn möglich, weißes Kleid, Osterkerze, Taufkerze.

ERÖFFNUNG

BEGRÜSSUNG

10. Der Spender begrüßt freundlich die Familie des Kranken und alle Anwesenden. Darauf wendet er sich dem Kranken selbst zu und spricht – möglichst mit ihm allein – über seine Bitte um Eingliederung. Ist dieser kein angenommener Bewerber, fragt er ihn nach den Gründen für seine Entscheidung zum Glauben. Wenn der Spender sich ein Urteil gebildet hat, ob die Taufe gespendet werden kann, erteilt er dem Kranken, soweit es notwendig ist, eine kurze Unterweisung. Dann erweckt er mit ihm die Reue.

11. Danach bittet er Familie, Paten (Patin), Verwandte und Freunde des Kranken herein und bestimmt den einen oder anderen von ihnen zum Zeugen. Es wird Wasser bereitgestellt, das nicht gesegnet sein muß.

GESPRÄCH MIT DER TAUFGEMEINDE

12. Der Taufspender wendet sich dem Kranken zu und fragt ihn mit diesen oder ähnlichen Worten:

Z.: **Lieber Herr N. (liebe Frau N.).**
Sie haben um die Taufe gebeten, um dadurch ein Christ (eine Christin) zu werden und das ewige Leben zu erlangen. Das ewige Leben aber besteht darin, daß wir den wahren Gott erkennen und Jesus Christus, den er gesandt hat. Das ist der Glaube der Christen. Sind Sie sich dessen bewußt?
Kr.: **Ja, ich bin mir dessen bewußt.**

Z.: Im Glauben an Jesus Christus erkennen wir seine Gebote, die er uns auferlegt und nach denen auch Sie als Christ leben sollen. Sind Sie sich dessen bewußt?
Kr.: Ja, ich bin mir dessen bewußt.

Z.: Sind Sie also bereit, wie ein Christ zu leben?
Kr.: Ich bin bereit.

Z.: Versprechen Sie nun, daß Sie, wenn Sie wieder gesund werden, sich die Zeit nehmen, Christus näher kennenzulernen und an der Einführung in den christlichen Glauben teilzunehmen?
Kr.: Ich verspreche es.

A 13. Ist der Kranke noch nicht Bewerber, so fragt der Taufspender nun den Paten (die Patin) und die Zeugen mit diesen oder ähnlichen Worten:

Z.: Lieber Pate (liebe Patin).
Sie haben dies Versprechen gehört. Erklären Sie sich bereit, Herrn N. (Frau N.) an sein (ihr) gegebenes Wort zu erinnern und ihm (ihr) zu helfen, die Lehre Christi kennenzulernen, regelmäßig am Leben der Gemeinde teilzunehmen und ein guter Christ (eine gute Christin) zu werden?
Pate: Ich verspreche es.

Z.: Sind Sie, liebe Anwesende, bereit, für dieses Versprechen als Zeugen einzutreten?
Zeugen: Wir bezeugen es.

B Ist der Kranke bereits Bewerber, so wendet sich der Zelebrant mit etwa folgenden Worten an den Paten (die Patin):

Z.: Lieber Herr (liebe Frau) N.! Sie sind als Pate (Patin) dieses Bewerbers (dieser Bewerberin) hierher gekommen. Können Sie vor Gott bezeugen, daß N., der (die) heute in die Kirche eingegliedert werden möchte, dazu würdig ist?
Pate: Ich bezeuge, daß er (sie) würdig ist.

Z.: Sie sollen **N.**, für den (die) Sie hier Zeugnis abgelegt haben, auch weiterhin durch Ihr Wort und Beispiel helfen, Christus nachzufolgen. Sind Sie dazu bereit?

Pate: Ja, ich bin dazu bereit.

14. Zum Abschluß der Eröffnung spricht der Zelebrant mit gefalteten Händen folgendes Gebet:

Z.: Laßt uns beten.
Wir danken dir, gütiger Vater, daß du diesen Mann (diese Frau) zu uns geführt hast. Er (sie) hat dich seit langem gesucht. Doch du bist ihm (ihr) auf manche Weise in deiner Güte zuvorgekommen. Auf deinen Ruf hat er (sie) heute vor der Gemeinde geantwortet. Wir bitten dich: Laß ihn (sie) in dieser Feier voll Freude die Erfüllung deiner Liebe erlangen. Durch Christus, unseren Herrn.

A.: Amen.

WORTGOTTESDIENST

LESUNG

15. Wenn es angebracht ist, liest der Taufspender einen kurzen Abschnitt aus dem Evangelium, den er nach Möglichkeit erklärt, z.B.:

Joh 6, 44–47: *Wer glaubt, hat das ewige Leben*

Aus dem heiligen Evangelium nach Johannes. Jesus sprach: ⁴⁴ Niemand kann zu mir kommen, wenn nicht der Vater, der mich gesandt hat, ihn zu mir führt; und ich werde ihn auferwecken am Letzten Tag. ⁴⁵ Bei den Propheten heißt es: Und alle werden Schüler Gottes sein. Jeder, der auf den Vater hört und seine Lehre annimmt, wird zu mir kommen. ⁴⁶ Niemand hat den Vater gesehen außer dem, der von Gott ist; nur er hat den Vater gesehen. ⁴⁷ Amen, Amen, ich sage euch: Wer glaubt, hat das ewige Leben.

Es kann auch die Perikope aus der Feier der Kindertaufe (Nr. 45) genommen werden.

FÜRBITTEN

16. Der Spender lädt alle Anwesenden zum Fürbittgebet ein:

Z.: Laßt uns die Barmherzigkeit des allmächtigen Gottes für diesen Kranken (diese Kranke) anrufen, der (die) die Gnade der Taufe erbittet. Laßt uns auch beten für seine (ihre) Familie, seinen Paten (ihre Patin) und alle Freunde.

Die Bitten werden den Umständen angepaßt und in Auswahl vom Taufspender oder einem der Anwesenden gesprochen.

Z. oder V.: Herr, unser Gott, stärke seinen (ihren) Glauben an Jesus Christus, deinen Sohn und unseren Retter.
A.: Wir bitten dich, erhöre uns.
Z. oder V.: Erfülle sein Verlangen nach ewigem Leben und gib ihm (ihr) Anteil am Reich deines Sohnes.
A.: Wir bitten dich, erhöre uns.
Z. oder V.: Zeige dich ihm (ihr) als Schöpfer der Welt und Vater aller Menschen.
A.: Wir bitten dich, erhöre uns.
Z. oder V.: Befreie ihn (sie) in der Taufe von allen Sünden und schenke ihm (ihr) das neue Leben in Heiligkeit.
A.: Wir bitten dich, erhöre uns.
Z. oder V.: Laß ihn (sie) das Heil erfahren, das Christus uns durch sein Leiden und seine Auferstehung erworben hat.
A.: Wir bitten dich, erhöre uns.
Z. oder V.: Nimm ihn (sie) voller Liebe in die Gemeinschaft deiner Kinder auf.
A.: Wir bitten dich, erhöre uns.
Z. oder V.: Stelle seine (ihre) Gesundheit wieder her und schenke ihm (ihr) Zeit, Christus tiefer zu erkennen und ihm nachzufolgen.
A.: Wir bitten dich, erhöre uns.

Eingliederung in Todesgefahr

Z. oder V.: Bewahre uns alle im Glauben und in der Liebe als Jünger Christi, weil wir in die Gemeinschaft seines Leibes getauft sind.
A.: Wir bitten dich, erhöre uns.

GEBET UM BEFREIUNG

A 17. Wenn der Taufspender Priester oder Diakon ist, kann das allgemeine Schuldbekenntnis gesprochen werden. Die Bitte „Der allmächtige Gott erbarme sich" entfällt. Dann spricht der Spender das folgende Schlußgebet:

Z.: Gott des Erbarmens.
Dein Sohn ist in die Welt gekommen,
um die Herrschaft der Sünde über die Menschen zu brechen
und uns zur Freiheit der Kinder Gottes zu führen.
Wir bitten dich für N. N.,
der (die) die Lockungen dieser Welt
und die Versuchung des bösen Feindes erfahren hat:
laß ihn (sie) seine (ihre) Schuld erkennen
und befreie ihn (sie)
durch das Leiden und die Auferstehung deines Sohnes
aus der Macht der Finsternis.
Stärke ihn (sie) mit der Liebe deines Christus
und beschütze ihn (sie) stets
auf seinem (ihrem) Lebensweg.
Durch ihn, Christus, unseren Herrn.
A.: Amen.

Oder:

B 18. Wenn der Taufspender nicht Priester oder Diakon ist, beschließt er die Fürbitten mit diesem Gebet:

Z.: Herr, wir bitten dich:
sieh auf den Glauben und das Verlangen
unseres Bruders (unserer Schwester) N.
Laß ihn (sie) durch dieses Wasser,
das du zur geistlichen Wiedergeburt bestimmt hast,

Christus in seinem Leiden und seiner Auferstehung ähnlich werden.
Schenke ihm (ihr) in der Taufe
die Vergebung aller Sünden,
nimm ihn (sie) unter deine Kinder auf
und mach ihn (sie) zum Glied deines heiligen Volkes.
[Wenn er (sie) seine (ihre) Gesundheit wiedererlangt, dann hilf ihm (ihr),
daß er (sie) dir durch ein Leben in deiner Kirche dankt,
deine Gebote treu befolgt
und ein vollkommener Jünger Christi wird.]
Darum bitten wir durch Christus, unseren Herrn.
A.: Amen.

SALBUNG MIT KATECHUMENENÖL

19. Wenn der Zelebrant Priester oder Diakon ist, fährt er nun fort:

Z.: Es stärke Sie die Kraft Christi, des Erlösers.
Zum Zeichen dafür salben wir Sie
mit dem Öl des Heils
in Christus, unserem Herrn,
der lebt und herrscht in alle Ewigkeit.
A.: Amen.

Der Bewerber wird mit Katechumenenöl auf der Brust oder auf beiden Händen oder, wenn es angebracht erscheint, auf anderen Stellen des Körpers gesalbt.

Diese Salbung kann auf Beschluß der Bischofskonferenz entfallen. In diesem Fall spricht der Zelebrant:

Z.: Es stärke Sie die Kraft Christi, des Erlösers,
der lebt und herrscht in alle Ewigkeit.
A.: Amen.

Darauf legt er schweigend die Hand auf den Bewerber.

FEIER DER TAUFE

20. Ist das Taufwasser noch nicht geweiht und ist der Zelebrant Priester oder Diakon, so wird es nun geweiht (Nr. 56–57).
Ist Taufwasser vorhanden, das in der Osternacht geweiht wurde, so soll in der Taufe doch das Element des Dankes und der Bitte nicht fehlen. Dazu wird das Formular Nr. 57 verwendet.
Ist der Taufspender Laie, so verwendet er Weihwasser oder gewöhnliches klares Wasser.

ABSAGE UND GLAUBENSBEKENNTNIS

21. Der Taufspender fragt den Kranken:

Z.: Widersagen Sie dem Satan und allen Verlockungen des Bösen?
Kr.: Ich widersage.

Z.: Glauben Sie an Gott, den Vater, den Allmächtigen, den Schöpfer des Himmels und der Erde?
Kr.: Ich glaube.

Z.: Glauben Sie an Jesus Christus, seinen eingeborenen Sohn, unsern Herrn, der geboren ist von der Jungfrau Maria, der gelitten hat und begraben wurde, von den Toten auferstand und zur Rechten des Vaters sitzt?
Kr.: Ich glaube.

Z.: Glauben Sie an den Heiligen Geist, die heilige katholische Kirche, die Gemeinschaft der Heiligen, die Vergebung der Sünden, die Auferstehung der Toten und das ewige Leben?
Kr.: Ich glaube.

TAUFE

22. Darauf nennt der Taufspender den Namen, den der Kranke annehmen will, und tauft ihn mit folgenden Worten, während der Pate oder die Patin die rechte Hand auf die rechte Schulter des Täuflings legt:

Z.: N., ich taufe dich im Namen des Vaters
erstes Übergießen
und des Sohnes
zweites Übergießen
und des Heiligen Geistes.
drittes Übergießen

SALBUNG MIT CHRISAM

[23.] Wenn der Spender Diakon ist oder wenn er Priester ist, aber die Spendung der Firmung aus einem besonderen Grund von der Taufe getrennt wird, salbt der Zelebrant den Getauften nach dem Eintauchen oder Übergießen mit Chrisam. Er spricht dabei:

Z.: Der allmächtige Gott, der Vater unseres Herrn Jesus Christus, hat Ihnen aus dem Wasser und dem Heiligen Geist neues Leben geschenkt und Sie von aller Schuld befreit. Sie werden nun mit dem heiligen Chrisam gesalbt; denn Sie sind Glied des Volkes Gottes und gehören für immer Christus an, der gesalbt ist zum Priester, König und Propheten in Ewigkeit.
Getaufter: Amen.

Danach salbt der Zelebrant den Getauften schweigend auf dem Scheitel mit Chrisam.

ÜBERREICHUNG DES WEISSEN KLEIDES

24. Wenn der Zelebrant Priester oder Diakon ist, spricht er:

Z.: Herr (Frau) N., das weiße Kleid soll Ihnen ein Zeichen dafür sein, daß Sie in der Taufe neu geschaffen worden sind und – wie die Schrift sagt – Christus angezogen haben. Bewahren Sie diese Würde für das ewige Leben.
Getaufter: Amen.

Bei den Worten „Bewahren Sie diese Würde" legt der Pate (die Patin) dem Neugetauften das weiße Kleid an. Dieser Ritus kann unterbleiben.

ÜBERGABE DER BRENNENDEN KERZE

25. Wenn der Zelebrant Priester oder Diakon ist, nimmt er die Osterkerze in die Hand oder berührt sie und spricht:

Z.: Ich bitte den Paten (die Patin), dem (der) Neugetauften das Licht zu übergeben.

Der Pate (die Patin) entzündet die Taufkerze an der Osterkerze und übergibt sie dem (der) Neugetauften. Dann spricht der Zelebrant:

Z.: Sie sind Licht in Christus geworden. Sie sollen als Kind des Lichtes leben, sich im Glauben bewähren und dem Herrn und allen Heiligen entgegengehen, wenn er kommt in Herrlichkeit.
A.: Amen.

Auch dieser Ritus kann unterbleiben.

ABSCHLUSS

26. Wenn weder die Firmung noch die Kommunion gespendet werden können, spricht der Spender sofort nach der Taufe:

Z.: Lieber Herr N. (liebe Frau N.).
In der Taufe sind Sie von Ihren Sünden befreit worden, Gott, der Vater, hat Ihnen das neue Leben geschenkt und Sie in Christus als Sohn (Tochter) angenommen. Wenn es Gott gefällt, werden Sie bald in der Firmung die Fülle des Heiligen Geistes empfangen, zum Altare Gottes treten und am Tisch des heiligen Opfermahles teilhaben. Beten Sie nun mit uns zusammen im Geist der Kindschaft, den Sie heute empfangen haben, wie der Herr uns zu beten gelehrt hat.

Alle beten gemeinsam das Gebet des Herrn.

FEIER DER FIRMUNG

27. Wenn die Taufe von einem Priester gespendet wurde, kann er auch die Firmung erteilen. Er wendet sich an den Neugetauften mit etwa folgenden Worten:

Z.: Lieber Bruder (liebe Schwester).
Sie sind in Christus wiedergeboren und zu einem Glied Christi und seines priesterlichen Volkes geworden. Nun sollen Sie den Heiligen Geist empfangen, den der Herr am Pfingsttag über seinen Jüngern ausgegossen hat. Die Apostel und ihre Nachfolger geben ihn weiter an alle Getauften.

Darauf lädt er nach Möglichkeit alle Anwesenden ein, eine Zeitlang in Stille zu beten.

GEBETSEINLADUNG

28. Der Zelebrant wendet sich an die Anwesenden und spricht:

Z.: Laßt uns beten, liebe Brüder und Schwestern, zu Gott, dem allmächtigen Vater, daß er den Heiligen Geist auf diesen (diese) **Neugetaufte(n) herabsende. Er stärke ihn** (sie) **durch die Fülle seiner Gaben und mache ihn** (sie) **durch seine Salbung Christus, dem Sohn Gottes, ähnlich.**

Alle beten eine Zeitlang in Stille.

AUSBREITUNG DER HÄNDE

29. Der Zelebrant breitet die Hände über den Firmling aus und spricht:

Z.: Allmächtiger Gott, Vater unseres Herrn Jesus Christus, du hast unseren Bruder (unsere Schwester) **in der Taufe von aller Schuld befreit, du hast ihm** (ihr) **aus dem Wasser und dem Heiligen Geist neues Leben geschenkt.
Wir bitten dich, Herr:
Sende ihm** (ihr) **den Heiligen Geist, den Beistand.**

Gib ihm (ihr) den Geist der Weisheit und der Einsicht,
des Rates, der Erkenntnis und der Stärke,
den Geist der Frömmigkeit und der Gottesfurcht.
Durch Christus, unseren Herrn.
A.: Amen.

SALBUNG MIT CHRISAM

30. Der Pate (oder die Patin) legt die rechte Hand auf die Schulter des Firmlings.
Der Zelebrant taucht den rechten Daumen in den Chrisam und zeichnet damit auf die Stirn des Firmlings ein Kreuz. Dabei spricht er:

Z.: N., sei besiegelt
durch die Gabe Gottes, den Heiligen Geist.
Gefirmter: Amen.
Z.: Der Friede sei mit dir.
Gefirmter: Und mit deinem Geiste.

Im dringenden Notfall genügt es, nur die Salbung mit den Worten „Sei besiegelt durch die Gabe Gottes, den Heiligen Geist" zu vollziehen. Wenn es noch möglich ist, kann die Handauflegung mit dem Gebet: „Allmächtiger Gott..." vorausgehen.
Nach der Firmung kann dem Neugetauften sogleich die erste heilige Kommunion in der hier beschriebenen Weise (Nr. 31–32) gereicht werden. Wenn das nicht möglich ist, schließt diese Form der Eingliederung in die Kirche mit dem Gebet des Vaterunsers (Nr. 31).

KOMMUNIONFEIER

GEBETSEINLADUNG

31. Wenn die heilige Kommunion unmittelbar nach der Firmung gespendet wird oder wenn die Firmung nicht nach der Taufe erteilt werden kann, wendet sich der Zelebrant mit diesen oder ähnlichen Worten an den Kranken. Dabei läßt er die in Klammern gesetzten Worte aus, wenn die Firmung gespendet wurde:

Z.: Lieber Bruder (liebe Schwester).
In der Taufe sind Sie von Ihren Sünden befreit worden, Gott, der Vater, hat Ihnen das neue

Leben geschenkt und Sie in Christus als Sohn (Tochter) angenommen. (Wenn es Gott gefällt, werden Sie bald in der Firmung die Fülle des Heiligen Geistes empfangen.) Bevor Sie den Leib Christi empfangen, beten Sie nun mit uns zusammen im Geist der Kindschaft, den Sie heute erhalten haben, wie der Herr uns zu beten gelehrt hat:

GEBET DES HERRN

Alle beten gemeinsam das Gebet des Herrn:

A.: Vater unser im Himmel,
Geheiligt werde dein Name.
Dein Reich komme.
Dein Wille geschehe,
wie im Himmel so auf Erden.
Unser tägliches Brot gib uns heute.
Und vergib uns unsere Schuld,
wie auch wir vergeben unsern Schuldigern.
Und führe uns nicht in Versuchung,
sondern erlöse uns von dem Bösen.
Denn dein ist das Reich und die Kraft
und die Herrlichkeit in Ewigkeit. Amen.

KOMMUNIONSPENDUNG

32. Der Zelebrant nimmt die Hostie, erhebt sie ein wenig und spricht zum Neugetauften gewandt:

Z.: Seht das Lamm Gottes,
das hinwegnimmt die Sünde der Welt.

Alle Anwesenden beten mit dem Neugetauften:

A.: Herr, ich bin nicht würdig,
daß du eingehst unter mein Dach,
aber sprich nur ein Wort,
so wird meine Seele gesund.

Der Zelebrant reicht dem Neugetauften die heilige Kommunion und spricht:

Z.: Der Leib Christi.
A.: Amen.

Der Neugetaufte kommuniziert. Auch die Anwesenden, die zu kommunizieren wünschen, können das Sakrament empfangen.

ABSCHLUSS

33. Nach der Kommunion spricht der Zelebrant das Schlußgebet:

Z.: Herr, heiliger Vater,
voll Vertrauen bitten wir dich:
der Empfang des Leibes deines Sohnes,
unseres Herrn Jesus Christus,
gereiche unserem Bruder (unserer Schwester)
an Leib und Seele zum ewigen Heil.
Das gewähre uns durch ihn,
Christus, unseren Herrn.
A.: Amen.

34. Der Kranke, der in unmittelbarer Todesgefahr alle oder einige Sakramente der Eingliederung in die Kirche empfängt, muß – wenn er wieder zu Kräften kommt – den üblichen Glaubensunterricht und die Sakramente oder Feiern, die nicht vollzogen werden konnten, nachholen.

DIE FEIER DER TAUFE EINES KINDES

35. Die Kirche hat das Wort des Herrn: „Wenn jemand nicht aus Wasser und Geist geboren wird" (Joh 3, 5) immer so verstanden, daß sie auch Kinder taufen darf und soll. Sie tritt mit ihrem Glauben, den Eltern und Paten sowie die übrigen Teilnehmer der Tauffeier bekennen, für das Kind ein. Gott befreit im Sakrament der Taufe das Kind von der Erbschuld und nimmt es als sein Kind an.

VORBEMERKUNG

Für eine Tauffeier sind vorzubereiten:

In der Sakristei:
Für den Taufspender Albe bzw. Chorrock, weiße Stola, eventuell auch weißes Pluviale.

Am Ort der Taufe:
Osterkerze, Öl-Gefäße und Watte; Taufkanne; falls benötigt: Taufschale; Tücher zum Abtrocknen. Wenn Taufkerze und Taufkleid nicht von der Familie mitgebracht werden, Kerze und Kleid für das Kind.

ERÖFFNUNG DER FEIER

BEGRÜSSUNG

36. Der taufende Priester oder Diakon geht mit den Ministranten zum Eingang oder in den Teil der Kirche, wo die Eltern und Paten mit dem Täufling und die übrige Taufgemeinde sich versammelt haben. Dabei singen die Versammelten nach Möglichkeit einen Psalm oder einen anderen Gesang.

37. Der Zelebrant begrüßt die Gemeinde. Dann wendet er sich den Eltern und Paten zu. Zu den Eltern spricht er in kurzen herzlichen Worten von der Freude, mit der sie ihr Kind als Geschenk dessen angenommen haben, der Quell allen Lebens ist und diesem Kind sein Leben weiterschenken will.

GESPRÄCH MIT DEN ELTERN

38. Der Zelebrant bittet die Eltern, öffentlich auszusprechen, welchen Namen sie ihrem Kind gegeben haben und was sie ihm erbitten.
Er kann das mit eigenen Worten tun oder in der hier folgenden Weise:

Z.: Welchen Namen haben Sie Ihrem Kind gegeben?
Eltern: N.
Z.: Was erbitten Sie von der Kirche Gottes für N.?
Eltern: Die Taufe.

39. Die Eltern können statt der Antwort „Die Taufe" auch eine andere Antwort geben, z. B.: „Daß es ein Kind Gottes wird" „Die Gnade Christi" „Die Aufnahme in die Kirche" „Das ewige Leben"

40. Nun redet der Zelebrant die Eltern mit etwa folgenden Worten an:

Z.: Liebe Eltern! Sie haben für Ihr Kind die Taufe erbeten. Damit erklären Sie sich bereit, es im Glauben zu erziehen. Es soll Gott und den Nächsten lieben lernen, wie Christus es uns vorgelebt hat. Sind Sie sich dieser Aufgabe bewußt?
Eltern: Ja.

WORT AN DIE PATEN

41. Der Zelebrant wendet sich mit etwa folgenden Worten an die Paten:

Z.: Liebe Paten! Die Eltern dieses Kindes haben Sie gebeten, das Patenamt zu übernehmen. Auf Ihre Weise sollen Sie mithelfen, daß aus diesem Kind ein guter Christ wird. Sind Sie dazu bereit?
Paten: Ja.

42. Zum Abschluß der Eröffnung kann der Zelebrant folgendes Gebet sprechen:

Z.: Allmächtiger, ewiger Gott, du schenkst den Glauben, ohne den es keine Taufe gibt. Laß uns

jetzt auf dein Wort hören, damit dieser Glaube in uns wachse durch Christus, unseren Herrn.
A.: Amen.

WORTGOTTESDIENST

EINLADUNG

43. Der Zelebrant lädt zum Wortgottesdienst ein. Dieser kann, während die Taufgemeinde sich zu ihren Plätzen begibt, mit einem passenden Gesang eröffnet werden.

44. Wenn ein geeigneter Raum vorhanden ist, kann das Kind bis zum Abschluß des Wortgottesdienstes dorthin gebracht werden.

LESUNGEN

45. Jemand aus der Taufgemeinde oder der Zelebrant selbst trägt eine Perikope aus dem Neuen Testament vor. Es steht frei, auch mehrere Schriftlesungen vorzutragen (nicht aber zwei Evangelientexte). Eine Lesung aus dem Alten Testament soll nur in Verbindung mit einer neutestamentlichen Lesung ausgewählt werden. Nach den Lesungen können Antwortgesänge aus den Psalmen mit entsprechenden Kehrversen gesungen werden (vgl. Gotteslob).

Auch bei Lesungen aus dem Evangelium kann man sitzen.

Joh 3, 1–6: *Wenn jemand nicht aus Wasser und Geist geboren wird, kann er nicht in das Reich Gottes kommen*

Aus dem heiligen Evangelium nach Johannes.
[1] **Es war ein Pharisäer namens Nikodemus, ein führender Mann unter den Juden.** [2] **Der suchte Jesus bei Nacht auf und sagte zu ihm: Rabbi, wir wissen, du bist ein Lehrer, der von Gott gekommen ist; denn niemand kann die Zeichen tun, die du tust, wenn nicht Gott mit ihm ist.** [3] **Jesus antwortete ihm: Amen, amen, ich sage dir: Wenn jemand nicht von neuem geboren wird, kann er das Reich Gottes nicht sehen.** [4] **Nikodemus entgegnete ihm: Wie kann ein Mensch, der schon alt ist, geboren werden? Er kann doch**

nicht in den Schoß seiner Mutter zurückkehren und ein zweites Mal geboren werden. [5] Jesus antwortete: Amen, amen, ich sage dir: Wenn jemand nicht aus Wasser und Geist geboren wird, kann er nicht in das Reich Gottes kommen. [6] Was aus dem Fleisch geboren ist, das ist Fleisch; was aber aus dem Geist geboren ist, das ist Geist.

Man kann auch eine andere, dem Wunsch oder der Situation der Eltern entsprechende Schriftlesung wählen, z. B. Mk 10, 13–16 (s. unten Nr. 312).

HOMILIE

46. Nach der Lesung hält der Zelebrant eine kurze Homilie, die in das Taufmysterium und in die Taufverpflichtungen einführt.

47. Nach der Homilie kann der Zelebrant die Gemeinde zu stiller Besinnung einladen. Auf die Homilie kann auch ein passender Gesang folgen.

BEZEICHNUNG MIT DEM KREUZZEICHEN

48. Jetzt treten Eltern und Paten mit dem Kind vor den Zelebranten. Dieser spricht:

Z.: N., mit großer Freude nimmt dich die christliche Gemeinde (oder: unsere Pfarrgemeinde) auf. In ihrem Namen bezeichne ich dich mit dem Zeichen des Kreuzes. Nach mir werden auch deine Eltern (und Paten) dieses Zeichen Christi, des Erlösers, auf deine Stirn zeichnen.

Der Zelebrant bezeichnet schweigend das Kind mit dem Kreuzzeichen. Dann lädt er die Eltern ein (gegebenenfalls auch die Paten), ihrem Kind das Kreuz auf die Stirn zu zeichnen.

Wenn das Kind in einen Nebenraum gebracht worden ist, wird es erst nach der Anrufung der Heiligen mit dem Kreuzzeichen bezeichnet. Während dieser Anrufung bringt man das Kind zurück.

FÜRBITTEN

49. Die Fürbitten beginnen damit, daß die Heiligen, vor allem der Namenspatron des Kindes, angerufen werden. Diese Anrufung leitet der Zelebrant mit etwa folgenden Worten ein:

Z.: Wer getauft wird, tritt ein in die Gemeinschaft der Heiligen, die seine Fürsprecher bei Gott sind. So rufen wir jetzt miteinander die Heiligen an, besonders den Namenspatron des Kindes.

Z.: Heilige Maria, Mutter Gottes,
A.: Bitte für uns.
Z.: Heiliger Josef,
A.: Bitte für uns.
Z.: Heiliger Johannes der Täufer,
A.: Bitte für uns.
Z.: Heiliger Petrus und heiliger Paulus,
A.: Bittet für uns.

50. Hier sollen weitere Heilige angerufen werden, besonders der Namenspatron des Kindes, aber auch die Patrone der Eltern und Paten, der Kirche oder des Ortes. Die Anrufung schließt:

Z.: Alle Heiligen Gottes,
A.: Bittet für uns.

51. Z.: (Liebe Brüder und Schwestern!) Dieses Kind soll die Taufe empfangen. Laßt uns das Erbarmen des Herrn auf N. herabrufen, auf seine (ihre) Eltern und Paten, auf seine (ihre) Geschwister und auf uns alle, die wir schon getauft sind.

52. Z.: Wir beten für dieses Kind, daß es gesund bleibt und seinen Eltern Freude macht.
A.: Wir bitten dich, erhöre uns.
Z.: Daß es sich auf seinem ganzen Lebensweg zu Christus bekennt.
A.: Wir bitten dich, erhöre uns.
Z.: Wir beten für die Eltern und Paten, daß sie diesem Kind ein Vorbild christlichen Lebens sind.

A.: Wir bitten dich, erhöre uns.
Z.: Wir beten für alle Brüder und Schwestern in der Welt, die sich auf die Taufe vorbereiten.
A.: Wir bitten dich, erhöre uns.

53. Nach den Fürbitten streckt der Zelebrant beide Hände über das Kind aus und spricht das folgende Gebet:

Z.: Herr, allmächtiger Gott, du hast deinen eingeborenen Sohn gesandt und durch ihn den Menschen, die in der Sünde gefangen waren, die Freiheit der Kinder Gottes geschenkt.
Wir bitten dich für dieses Kind. Du weißt, daß es in dieser Welt der Verführung ausgesetzt sein wird und gegen die Nachstellungen des Teufels kämpfen muß. Entreiße es durch die Kraft des Leidens und der Auferstehung deines Sohnes der Macht der Finsternis. Stärke es mit deiner Gnade und behüte es allezeit auf dem Weg seines Lebens durch Christus, unseren Herrn.
A.: Amen.

SALBUNG MIT KATECHUMENENÖL

54. Z.: Es stärke dich die Kraft Christi, des Erlösers. Zum Zeichen dafür salben wir dich mit dem Öl des Heiles in Christus, unserem Herrn, der lebt und herrscht in Ewigkeit.
A.: Amen.

Das Kind wird mit Katechumenenöl auf der Brust gesalbt.
Die Salbung kann unterlassen werden. In diesem Fall legt der Zelebrant dem Kind schweigend die Hand auf.

SPENDUNG DER TAUFE

55. Die Taufe findet für gewöhnlich am Taufbrunnen statt. Wenn dort nicht alle Mitfeiernden Platz finden, kann die Taufe auch an einer anderen geeigneten Stelle der Kirche gespendet werden.
Die Taufgemeinde begibt sich zum Ort der Taufspendung; dabei kann ein passender Gesang gesungen werden.

Wenn die Taufe an der Stelle gespendet wird, wo der Wortgottesdienst stattgefunden hat, treten die Eltern und Paten heran, die übrigen Anwesenden bleiben an ihrem Platz.

LOBPREIS UND ANRUFUNG GOTTES ÜBER DEM WASSER

56. Wenn alle am Taufbrunnen versammelt sind, erinnert der Zelebrant mit kurzen Worten die Taufgemeinde an den Heilsplan Gottes, der Seele und Leib des Menschen durch das Wasser heiligt. Das kann mit folgenden oder ähnlichen Worten geschehen:

Z.: Laßt uns beten zu Gott, dem allmächtigen Vater, daß er diesem Kind aus dem Wasser und dem Heiligen Geist neues Leben schenke.

57. Der Zelebrant wendet sich nun dem Taufbrunnen zu und spricht den Lobpreis.

Z.: Wir preisen dich, Gott, allmächtiger Vater; denn du hast das Wasser geschaffen, damit es reinigt und belebt. Wir loben dich.
A.: Wir preisen dich.
Z.: Wir preisen dich, Gott, allmächtiger Vater; denn du hast uns deinen einzigen Sohn Jesus Christus gesandt. Aus seiner Seite sind am Kreuz Blut und Wasser geflossen zum Zeichen, daß aus seinem Tod und seiner Auferstehung die Kirche hervorgehen sollte. Wir loben dich.
A.: Wir preisen dich.
Z.: Wir preisen dich, Gott, allmächtiger Vater; denn du hast Christus bei seiner Taufe im Jordan geheiligt in deinem Geist, in dem auch wir geheiligt werden. Wir loben dich.
A.: Wir preisen dich.

Außerhalb der österlichen Zeit:

Z.: Steh uns bei, heiliger Vater, und heilige dieses Wasser. Reinige das Kind, das in ihm getauft wird, von der Sünde und schenke ihm neues Leben. Erhöre uns, o Herr.
A.: Erhöre uns, o Herr.

Z.: Heilige dieses Wasser, damit dieses Kind, das in ihm auf den Tod und die Auferstehung Christi getauft wird, deinem Sohn ähnlich werde. Erhöre uns, o Herr.
A.: Erhöre uns, o Herr.
Z.: Heilige dieses Wasser, damit dieses Kind im Heiligen Geist wiedergeboren wird und deinem Volk angehört. Erhöre uns, o Herr.
A.: Erhöre uns, o Herr.

Wenn in der österlichen Zeit bereits geweihtes Taufwasser vorhanden ist, wird anstelle der drei voraufgehenden Bittrufe angefügt:

Z.: Schenke durch dieses in der Osternacht geweihte Wasser dem Kind N. die Gnade der Wiedergeburt. Du hast es im Glauben der Kirche zur Taufe berufen, damit es ewiges Leben habe durch Christus, unseren Herrn.
A.: Amen.

ABSAGE UND GLAUBENSBEKENNTNIS

58. Der Zelebrant redet Eltern und Paten mit folgenden Worten an:

Z.: Liebe Eltern und Paten! Gott liebt Ihr Kind und schenkt ihm durch den Heiligen Geist im Wasser der Taufe neues Leben. Dieses Leben soll wachsen und dem Bösen widerstehen können. Deshalb sollen Sie Ihr Kind im Glauben erziehen. Wenn Sie bereit sind, als gläubige Menschen diese Aufgabe zu übernehmen, dann sagen Sie jetzt im Gedenken an Ihre eigene Taufe dem Bösen ab und bekennen Ihren Glauben an Jesus Christus, den Glauben der Kirche, in dem Ihr Kind getauft wird.

59. Dann fragt der Zelebrant die Eltern und Paten in einer der folgenden Formen:

Z.: Widersagen Sie dem Bösen, um in der Freiheit der Kinder Gottes leben zu können? **A**
E. u. P.: Ich widersage.

Z.: Widersagen Sie den Verlockungen des Bösen, damit es nicht Macht über Sie gewinnt?
E. u. P.: Ich widersage.
Z.: Widersagen Sie dem Satan, dem Urheber des Bösen?
E. u. P.: Ich widersage.

Oder:

B Z.: Widersagen Sie dem Satan?
E. u. P.: Ich widersage.
Z.: Und all seiner Bosheit?
E. u. P.: Ich widersage.
Z.: Und all seinen Verlockungen?
E. u. P.: Ich widersage.

60. Der Zelebrant fragt Eltern und Paten nach ihrem Glauben.

Z.: Glauben Sie an Gott den Vater, den Allmächtigen, den Schöpfer des Himmels und der Erde?
E. u. P.: Ich glaube.
Z.: Glauben Sie an Jesus Christus, seinen eingeborenen Sohn, unseren Herrn, der geboren ist von der Jungfrau Maria, der gelitten hat und begraben wurde, von den Toten auferstand und zur Rechten des Vaters sitzt?
E. u. P.: Ich glaube.
Z.: Glauben Sie an den Heiligen Geist, die heilige katholische Kirche, die Gemeinschaft der Heiligen, die Vergebung der Sünden, die Auferstehung der Toten und das ewige Leben?
E. u. P.: Ich glaube.

Z.: Das ist unser Glaube, der Glaube der Kirche, zu dem wir uns alle in Christus Jesus bekennen.

61. Dem Bekenntnis der Eltern und Paten stimmen der Zelebrant und die Taufgemeinde zu, indem sie gemeinsam das Apostolische Glaubensbekenntnis sprechen. Diese Zustimmung kann auch in der Form eines Glaubensliedes geschehen. Wenn nur Eltern und Paten zugegen sind, entfällt die Zustimmung durch Glaubensbekenntnis oder Lied.

Z. und Gemeinde: Ich glaube an Gott,
den Vater, den Allmächtigen,
den Schöpfer des Himmels und der Erde,
und an Jesus Christus,
seinen eingeborenen Sohn, unsern Herrn,
empfangen durch den Heiligen Geist,
geboren von der Jungfrau Maria,
gelitten unter Pontius Pilatus,
gekreuzigt, gestorben und begraben,
hinabgestiegen in das Reich des Todes,
am dritten Tage auferstanden von den Toten,
aufgefahren in den Himmel;
er sitzt zur Rechten Gottes,
des allmächtigen Vaters;
von dort wird er kommen,
zu richten die Lebenden und die Toten.
Ich glaube an den Heiligen Geist,
die heilige katholische Kirche,
Gemeinschaft der Heiligen,
Vergebung der Sünden,
Auferstehung der Toten
und das ewige Leben. Amen.

TAUFE

62. Der Zelebrant bittet die Familie, an den Taufbrunnen heranzutreten. Nach Möglichkeit sollte jetzt die Mutter das Kind tragen; in diesem Fall legen die Paten dem Kind die rechte Hand auf. Der Zelebrant spricht zu den Eltern und Paten:

Z.: Sie haben sich eben zum Glauben der Kirche bekannt. In diesem Glauben empfängt (Ihr Sohn – Ihre Tochter) **N.** nun die Taufe.

Dann tauft der Zelebrant das Kind mit den Worten:

Z.: N., ich taufe dich im Namen des Vaters
(erstes Eintauchen oder Übergießen)
Z.: und des Sohnes
(zweites Eintauchen oder Übergießen)
Z.: und des Heiligen Geistes.
(drittes Eintauchen oder Übergießen).

Nach der Taufe kann die Gemeinde eine Akklamation singen.

SALBUNG MIT CHRISAM

63. Der Zelebrant spricht:

Z.: Der allmächtige Gott, der Vater unseres Herrn Jesus Christus, hat dich von der Schuld Adams befreit und dir aus dem Wasser und dem Heiligen Geist neues Leben geschenkt. Du wirst nun mit dem heiligen Chrisam gesalbt; denn du bist Glied des Volkes Gottes und gehörst für immer Christus an, der gesalbt ist zum Priester, König und Propheten in Ewigkeit.
A.: Amen.

Danach salbt der Zelebrant das Kind schweigend auf dem Scheitel mit Chrisam.

ÜBERREICHUNG DES WEISSEN KLEIDES

64. Dem Kind wird jetzt ein weißes Kleid aufgelegt. Die Familie soll das Taufkleid für ihr Kind nach Möglichkeit selbst bereitstellen und jetzt dem Zelebranten übergeben.

Der Zelebrant spricht:

Z.: N., dieses weiße Kleid soll dir ein Zeichen dafür sein, daß du in der Taufe neugeschaffen worden bist und – wie die Schrift sagt – Christus angezogen hast. Bewahre diese Würde für das ewige Leben.

ÜBERGABE DER BRENNENDEN KERZE

65. Der Zelebrant lädt zum Anzünden der Taufkerze ein. Dabei kann er sprechen:

Z.: Empfange das Licht Christi.

Der Vater (oder der Pate) entzündet die Taufkerze an der Osterkerze. Dann spricht der Zelebrant:

Z.: Liebe Eltern und Paten! Ihnen wird dieses Licht anvertraut. Christus, das Licht der Welt,

hat Ihr Kind erleuchtet. Es soll als Kind des Lichtes leben, sich im Glauben bewähren und dem Herrn und allen Heiligen entgegengehen, wenn er kommt in Herrlichkeit.

EFFATA-RITUS

66. Wenn an dieser Stelle der Effata-Ritus eingefügt wird, spricht der Zelebrant etwa wie folgt:

Z.: So wollen wir den Herrn bitten, daß er diesem Kind helfe, seine Botschaft zu hören und zu bekennen.
Der Herr lasse dich heranwachsen, und wie er mit dem Ruf „Effata" dem Taubstummen die Ohren und den Mund geöffnet hat, öffne er auch dir Ohren und Mund

(hier berührt der Zelebrant Ohren und Mund des Kindes),

daß du sein Wort vernimmst und den Glauben bekennst zum Heil der Menschen und zum Lobe Gottes.

ABSCHLUSS DER TAUFFEIER

67. Wenn die Taufe nicht im Altarraum der Kirche stattgefunden hat, geht man jetzt zum Altar. Die brennende Kerze des neugetauften Kindes wird mitgetragen. Dabei sollte nach Möglichkeit gesungen werden.

DAS GEBET DES HERRN

68. Der Zelebrant tritt vor den Altar und redet die Eltern und Paten und alle Anwesenden mit folgenden oder ähnlichen Worten an:

Z.: Liebe Brüder und Schwestern! Diesem Kind wurde in der Taufe das neue Leben geschenkt, und so heißt und ist es ein Kind Gottes.
In der Firmung wird es die Fülle des Heiligen Geistes empfangen. Es wird inmitten der Gemeinde zum Altar treten, Gott seinen Vater

nennen und teilhaben am Tisch des heiligen Opfers. Auch uns hat Gott zu seinen Söhnen und Töchtern angenommen; daher beten wir stellvertretend für dieses Kind, wie der Herr uns zu beten gelehrt hat.

69. Alle sprechen (oder singen) gemeinsam mit dem Zelebranten das Gebet des Herrn.

A.: Vater unser im Himmel,
Geheiligt werde dein Name.
Dein Reich komme.
Dein Wille geschehe,
wie im Himmel so auf Erden.
Unser tägliches Brot gib uns heute.
Und vergib uns unsere Schuld,
wie auch wir vergeben unsern Schuldigern.
Und führe uns nicht in Versuchung,
sondern erlöse uns von dem Bösen.
Denn dein ist das Reich und die Kraft und die Herrlichkeit in Ewigkeit. Amen.

SEGEN

70. Die Mutter trägt ihr Kind jetzt wieder auf dem Arm und tritt zusammen mit dem Vater vor den Zelebranten. Dieser segnet zuerst die Mutter, dann den Vater und schließlich alle Anwesenden. Er spricht:

Z.: Allmächtiger Gott und Herr, durch die Geburt deines Sohnes hast du die Welt mit Freude erfüllt. Segne dieses neugetaufte Kind, daß es ein guter Christ wird in Christus Jesus, unserem Herrn.
A.: Amen.
Z.: Allmächtiger Gott und Herr, du schenkst irdisches und ewiges Leben. Segne den Vater und die Mutter dieses Kindes. Sie danken dir für die glückliche Geburt. Laß sie zusammen mit ihrem Kind allzeit dankbar sein in Christus Jesus, unserem Herrn.
A.: Amen.

Z.: Allmächtiger Gott und Herr, segne die Paten (Geschwister, Verwandten) dieses Kindes und alle hier versammelten Gläubigen. Du hast uns in der Taufe ewiges Leben geschenkt. Laß uns immer und überall lebendige Glieder deines heiligen Volkes sein. Allen aber, die hier versammelt sind, gib deinen Frieden in Christus Jesus, unserem Herrn.
A.: Amen.
Z.: Es segne euch der allmächtige Gott, der Vater, der Sohn ✝ und der Heilige Geist.
A.: Amen.
Z.: Gehet hin in Frieden.
A.: Dank sei Gott, dem Herrn.

71. Nach der Entlassung soll nach Möglichkeit ein Gesang folgen, in dem Dank und Osterfreude zum Ausdruck kommen.

72. Wo es üblich ist, das Kind nach seiner Taufe vor ein Marienbild zu bringen, sollte dieser Brauch erhalten bleiben.

DIE TAUFE EINES KINDES IN TODESGEFAHR

73. Gott will allen Menschen sein Heil schenken. Daher tauft die Kirche unmündige Kinder in Todesgefahr und schenkt ihnen so die Verheißung der Auferstehung.

74. Es wird Wasser bereitgestellt, das nicht gesegnet zu sein braucht. Die Eltern, Paten und – wenn möglich – einige Verwandte und Freunde versammeln sich bei dem kranken Kind. Der folgende Ritus kann sowohl von einem Priester oder einem Diakon als auch von einem anderen Gläubigen angewendet werden. Der Taufspender beginnt mit folgenden Fürbitten:

Z.: (Liebe Brüder und Schwestern!)
Lasset uns Gottes Erbarmen herabrufen auf dieses Kind, das die Taufe empfangen soll, auf seine Eltern und Paten (auf seine Geschwister) und auf uns alle, die wir schon getauft sind.

Wir beten für dieses Kind,
daß es gesund werde und seinen Eltern Freude mache.
A.: Wir bitten dich, erhöre uns.
Z.: Daß es sich auf seinem ganzen Lebensweg zu Christus bekenne.
A.: Wir bitten dich, erhöre uns.
Z.: Wir beten für die Eltern und Paten, daß sie diesem Kind ein Vorbild christlichen Lebens sind.
A.: Wir bitten dich, erhöre uns.
Z.: Wir beten für alle Brüder und Schwestern in der Welt, die sich auf die Taufe vorbereiten.
A.: Wir bitten dich, erhöre uns.

Die Fürbitten schließen mit folgendem Gebet:

Z.: Gott, Vater unseres Herrn Jesus Christus, du Quell des Lebens und der Liebe! Du bist allen Eltern nahe, die in Sorge sind; du schaust hernieder auf die Kinder, deren Leben in Gefahr

ist, und zeigst ihnen deine Liebe. Im Sakrament der Wiedergeburt schenkst du ihnen ein Leben, das kein Ende hat.
Höre unser Gebet. Befreie dieses Kind von der Herrschaft des Bösen; nimm es auf in die Gemeinschaft deiner Kirche. Wir geben ihm den Namen N. und bitten dich: Laß es in der Kraft des Heiligen Geistes durch das Sakrament der Taufe Anteil erhalten an Tod und Auferstehung Christi. Nimm es an als dein Kind; mache es zum Miterben Christi, der mit dir lebt und herrscht in Ewigkeit.
A.: Amen.

75. Der Taufspender lädt die Anwesenden mit folgenden Worten zum Glaubensbekenntnis ein:

Z.: Im Gedenken an unsere Taufe wollen wir den Glauben an Christus bekennen, den Glauben der Kirche, in dem man die Kinder tauft.

A
Z.: Glauben Sie an Gott, den Vater, den Allmächtigen, den Schöpfer des Himmels und der Erde?
E. u. P.: Ich glaube.

Z.: Glauben Sie an Jesus Christus, seinen eingeborenen Sohn, unseren Herrn, der geboren ist von der Jungfrau Maria, der gelitten hat und begraben wurde, von den Toten auferstand und zur Rechten des Vaters sitzt?
E. u. P.: Ich glaube.

Z.: Glauben Sie an den Heiligen Geist, die heilige katholische Kirche, die Gemeinschaft der Heiligen, die Vergebung der Sünden, die Auferstehung der Toten und das ewige Leben?
E. u. P.: Ich glaube.

Anstelle der Glaubensfragen kann – je nach den Umständen – auch das Apostolische Glaubensbekenntnis gesprochen werden:

B
A.: Ich glaube an Gott,
den Vater, den Allmächtigen,

den Schöpfer des Himmels und der Erde,
und an Jesus Christus,
seinen eingeborenen Sohn, unsern Herrn,
empfangen durch den Heiligen Geist,
geboren von der Jungfrau Maria,
gelitten unter Pontius Pilatus,
gekreuzigt, gestorben und begraben,
hinabgestiegen in das Reich des Todes,
am dritten Tage auferstanden von den Toten,
aufgefahren in den Himmel;
er sitzt zur Rechten Gottes,
des allmächtigen Vaters;
von dort wird er kommen,
zu richten die Lebenden und die Toten.
Ich glaube an den Heiligen Geist,
die heilige katholische Kirche,
Gemeinschaft der Heiligen,
Vergebung der Sünden,
Auferstehung der Toten
und das ewige Leben. Amen.

76. Dann tauft der Spender des Sakramentes das Kind mit den Worten:

Z.: N., ich taufe dich im Namen des Vaters
(erstes Übergießen)
und des Sohnes
(zweites Übergießen)
und des Heiligen Geistes.
(drittes Übergießen)

77. Alle übrigen Riten kann der Taufspender weglassen und jetzt sofort das weiße Kleid überreichen mit den Worten:

Z.: N., dieses weiße Kleid soll dir ein Zeichen dafür sein, daß du in der Taufe neugeschaffen worden bist und – wie die Schrift sagt – Christus angezogen hast. Bewahre diese Würde für das ewige Leben.

78. Die Feier schließt mit dem Gebet des Herrn.

Z.: (Liebe Brüder und Schwestern!) Diesem Kind wurde in der Taufe das neue Leben geschenkt,

und so heißt und ist es ein Kind Gottes. Auch uns hat Gott zu seinen Söhnen und Töchtern angenommen; daher beten wir stellvertretend für dieses Kind, wie der Herr uns zu beten gelehrt hat.

A.: Vater unser im Himmel,
Geheiligt werde dein Name.
Dein Reich komme.
Dein Wille geschehe,
wie im Himmel so auf Erden.
Unser tägliches Brot gib uns heute.
Und vergib uns unsere Schuld,
wie auch wir vergeben unsern Schuldigern.
Und führe uns nicht in Versuchung,
sondern erlöse uns von dem Bösen.
Denn dein ist das Reich und die Kraft
und die Herrlichkeit in Ewigkeit. Amen.

79. Falls unter den Anwesenden niemand geeignet ist, einem Gebetsgottesdienst vorzustehen, kann jeder beliebige Gläubige taufen. Er spricht das Glaubensbekenntnis und spendet das Sakrament, indem er Wasser über den Kopf des Kindes gießt und dabei die Taufworte spricht. Je nach den Umständen kann auch noch das Glaubensbekenntnis entfallen.

80. Bei akuter Lebensgefahr genügt es, wenn der Taufspender Wasser über das Kind gießt und dazu die Taufworte spricht (vgl. Nr. 76). Es empfiehlt sich, daß dabei – soweit möglich – ein oder zwei Zeugen anwesend sind.

DIE FIRMUNG IN TODESGEFAHR

81. Im Sakrament der Firmung schenkt Gott dem Getauften seine unsagbar große „Gabe", den Heiligen Geist. Der Heilige Geist macht den Glaubenden Christus immer ähnlicher und stärkt ihn im Leben und Sterben zum Zeugnis für seinen Herrn.

82. In Todesgefahr oder aus anderen schwerwiegenden Gründen soll jenen, die getauft, aber noch nicht gefirmt sind, also auch Kindern, die den Vernunftgebrauch noch nicht erlangt haben, die Firmung gespendet werden. Auch einer solchen Firmspendung soll nach Möglichkeit eine Vorbereitung vorausgehen.

83. Wenn die Umstände es zulassen, wird der ganze Ritus so verwendet, wie er in der „Feier der Firmung" beschrieben ist. Nur im Notfall kann er folgendermaßen angepaßt werden.

84. Der Priester breitet über dem Erkrankten die Hände aus und spricht:

Z.: Allmächtiger Gott, Vater unseres Herrn Jesus Christus,
du hast diesen deinen Diener (diese deine Dienerin)
in der Taufe von der Schuld Adams befreit,
du hast ihm (ihr) aus dem Wasser
und dem Heiligen Geist neues Leben geschenkt.
Wir bitten dich, Herr,
sende ihm (ihr) den Heiligen Geist, den Beistand.
Gib ihm (ihr) den Geist der Weisheit und der Einsicht,
des Rates, der Erkenntnis und der Stärke,
den Geist der Frömmigkeit und der Gottesfurcht.
Durch Christus, unseren Herrn.
A.: Amen.

85. Dann taucht er den rechten Daumen in den Chrisam und zeichnet damit auf die Stirn des Firmlings ein Kreuz. Dabei spricht er:

**Z.: N., sei besiegelt
durch die Gabe Gottes, den Heiligen Geist.**

Der Gefirmte antwortet, wenn er kann:

A.: Amen.

86. Andere Elemente der Vorbereitung und des Abschlusses, die in der „Feier der Firmung" vorgesehen sind, können im Einzelfall hinzugefügt werden, wobei die vorliegenden Umstände zu beachten sind.

87. Im äußersten Notfall ist es ausreichend, daß der Priester sogleich die Salbung mit Chrisam vollzieht und dabei die sakramentale Formel spricht:

**Z.: N., sei besiegelt
durch die Gabe Gottes, den Heiligen Geist.**

DIE FEIER DER AUFNAHME GÜLTIG GETAUFTER IN TODESGEFAHR IN DIE VOLLE GEMEINSCHAFT DER KATHOLISCHEN KIRCHE

88. Jeder, der an Christus glaubt und die Taufe empfangen hat, ist gerechtfertigt und dem Leibe Christi eingegliedert. Durch die volle Eingliederung in die sichtbare Gemeinschaft der katholischen Kirche erhält er Anteil an der Einheit, die Jesus Christus den Seinen schenken wollte, und an der Fülle der Heilsmittel.

89. Bei der Aufnahme gültig Getaufter in die volle Gemeinschaft der katholischen Kirche wird vom Bewerber nur das verlangt, was notwendig ist, um die Gemeinschaft und Einheit herzustellen (vgl. Apg 15,28).

90. Voraussetzung für die Aufnahme ist eine entsprechende Glaubensunterweisung und Einführung in die Frömmigkeit. Nur in Todesgefahr oder wenn außergewöhnliche Umstände es erfordern, kann man auf die Vorbereitung ganz oder teilweise verzichten. Es ist aber in jedem Fall darauf zu achten, daß jemand nur dann in die volle Gemeinschaft der katholischen Kirche aufgenommen wird, wenn dies ausdrücklich seiner persönlichen Gewissensentscheidung entspricht. Auf keinen Fall darf jemand unter dem Eindruck der Todesgefahr zu diesem Schritt gedrängt werden.

91. Für die Aufnahme ist der Bischof zuständig, der einen Priester damit beauftragen kann. Bei unmittelbarer Todesgefahr kann jeder Priester die Aufnahme vornehmen.

92. Die Aufnahme soll gottesdienstlichen Charakter haben und im Empfang der Eucharistie ihren Höhepunkt finden. Kann aus einem wichtigen Grund keine Messe gehalten werden, soll die Aufnahme innerhalb eines Wortgottesdienstes stattfinden. Im äußersten Notfall genügt das Ablegen des Glaubensbekenntnisses.
Je nach der persönlichen Gewissenssituation soll der Bewerber vor der Aufnahme einem Beichtvater seine Sünden bekennen.

93. Dem Bewerber soll bei seiner Aufnahme gegebenenfalls eine Person als Zeuge (Zeugin) zur Seite stehen, die an seiner Hinführung zur Kirche oder an der Vorbereitung besonderen Anteil gehabt hat.

94. Die Namen der Neuaufgenommenen sind in einem eigenen Buch einzutragen; dabei sind Zeit und Ort ihrer Taufe anzugeben.

95. Die Feier beginnt mit einem einführenden Wort des Zelebranten. Er soll dabei von einem Schrifttext ausgehen und auf das eucharistische Mahl hinweisen, an dem der Neuaufgenommene teilnehmen soll. Es kann folgende Schriftstelle verwendet werden:

Phil 4, 4–7: *Der Friede Gottes wird eure Herzen in der Gemeinschaft mit Christus Jesus bewahren*

Lesung aus dem Brief an die Philipper.

⁴ Freut euch im Herrn zu jeder Zeit! Noch einmal sage ich: Freut euch! ⁵ Eure Güte werde allen Menschen bekannt. Der Herr ist nahe. ⁶ Sorgt euch um nichts, sondern bringt in jeder Lage betend und flehend eure Bitten mit Dank vor Gott! ⁷ Und der Friede Gottes, der alles Verstehen übersteigt, wird eure Herzen und eure Gedanken in der Gemeinschaft mit Christus Jesus bewahren.

96. Dann lädt der Zelebrant mit etwa folgenden Worten den Bewerber ein, gemeinsam mit den Anwesenden das Nizäno-konstantinopolitanische Glaubensbekenntnis zu sprechen:

Z.: Lieber Herr **N.** (Liebe Frau **N.**), Sie haben darum gebeten, in die volle Gemeinschaft der katholischen Kirche aufgenommen zu werden. Sprechen Sie nun gemeinsam mit den hier anwesenden Gliedern der Kirche das Glaubensbekenntnis:

A.: Wir glauben an den einen Gott,
den Vater, den Allmächtigen,
der alles geschaffen hat, Himmel und Erde,
die sichtbare und die unsichtbare Welt.
Und an den einen Herrn Jesus Christus,
Gottes eingeborenen Sohn,

aus dem Vater geboren vor aller Zeit:
Gott von Gott, Licht vom Licht,
wahrer Gott vom wahren Gott,
gezeugt, nicht geschaffen,
eines Wesens mit dem Vater;
durch ihn ist alles geschaffen.
Für uns Menschen und zu unserm Heil
ist er vom Himmel gekommen,
hat Fleisch angenommen
durch den Heiligen Geist
von der Jungfrau Maria
und ist Mensch geworden.
Er wurde für uns gekreuzigt
unter Pontius Pilatus,
hat gelitten und ist begraben worden,
ist am dritten Tage auferstanden
nach der Schrift
und aufgefahren in den Himmel.
Er sitzt zur Rechten des Vaters
und wird wiederkommen in Herrlichkeit,
zu richten die Lebenden und die Toten;
seiner Herrschaft wird kein Ende sein.
Wir glauben an den Heiligen Geist,
der Herr ist und lebendig macht,
der aus dem Vater und dem Sohn hervorgeht,
der mit dem Vater und dem Sohn angebetet
und verherrlicht wird,
der gesprochen hat durch die Propheten,
und die eine, heilige,
katholische und apostolische Kirche.
Wir bekennen die eine Taufe
zur Vergebung der Sünden.
Wir erwarten die Auferstehung der Toten
und das Leben der kommenden Welt.
Amen.

Dann lädt der Priester den Bewerber ein, dem Glaubensbekenntnis die folgenden Worte hinzuzufügen:

Z., dann A.: Ich glaube und bekenne alles, was die heilige, katholische Kirche als Offenbarung Gottes glaubt, lehrt und verkündet.

97. Der Priester legt dem Bewerber die rechte Hand aufs Haupt (falls nicht die Firmung folgt). Er spricht ihn mit den folgenden Worten an:

Z.: Herr (Frau) N., unser Herr Jesus Christus nimmt Sie in die katholische Kirche auf. Er hat Sie in seiner Barmherzigkeit hierher geführt, damit Sie im Heiligen Geiste volle Gemeinschaft mit uns haben in dem Glauben, den Sie vor dieser Gemeinde des Herrn bekannt haben.

98. Ist der Bewerber noch nicht gefirmt, so spendet der Zelebrant ihm nun die Firmung (Nr. 84–85).

99. Danach begrüßt der Priester den Aufgenommenen herzlich als neues Mitglied der Kirche. Zum Zeichen dafür umfaßt er die gefalteten Hände des Neuaufgenommenen. Mit Zustimmung des Bischofs kann man diese Geste je nach der örtlichen Situation oder mit Rücksicht auf die Verhältnisse auch durch eine andere ersetzen.

100. Dann können die Krankensakramente gespendet werden.

101. Werden nach der Aufnahme keine Sakramente gespendet, so schließt die Feier mit Fürbitten und dem Gebet des Herrn.

Der Priester spricht:

Z.: Brüder und Schwestern! Wir haben mit Dank gegen Gott unseren Bruder (unsere Schwester) N., der (die) schon durch die Taufe (und die Firmung) Christus eingegliedert war, in die volle Gemeinschaft der katholischen Kirche aufgenommen. (In der Firmung hat er [sie] die Gaben des Heiligen Geistes empfangen.) (In dieser Feier wird er [sie] nun mit uns zum Tisch des Herrn treten.) Wir freuen uns darüber, daß Herr (Frau) N. jetzt der katholischen Kirche angehört, und bitten zusammen mit unserem Bruder (unserer Schwester) um die Gnade und das Erbarmen unseres Erlösers.

Für unseren Bruder (unsere Schwester) N., den (die) wir heute in unsere Mitte aufgenommen haben:

daß er (sie) mit der Hilfe des Heiligen Geistes seinem (ihrem) Entschluß treu bleibe.

– Stille –

Für alle, die an Christus glauben, für ihre Kirchen und Gemeinschaften:
daß sie in Christus zur vollen Einheit gelangen.

– Stille –

Für die Kirche (Glaubensgemeinschaft), in der unser Bruder (unsere Schwester) getauft und im Glauben an Christus unterwiesen wurde:
daß sie Christus immer tiefer erkenne.

– Stille –

Für alle, in denen Gott schon das Verlangen nach seiner Gnade erweckt hat:
daß sie in Christus die volle Wahrheit finden.

– Stille –

Für alle, die nicht an Christus den Herrn glauben:
daß der Heilige Geist sie erleuchte und auf den Weg des Heiles führe.

– Stille –

Für alle Menschen auf der ganzen Erde:
daß sie ohne Krieg und Hunger in Frieden und Sicherheit leben.

– Stille –

Für uns selbst:
daß wir dem Glauben, den wir aus Gnade empfangen haben, bis zum Ende treu bleiben.

– Stille –

Z.: Allmächtiger, ewiger Gott, erhöre unsere Bitten und laß uns beständig in Freude, Dankbarkeit und Liebe dir dienen. Darum bitten wir durch Christus, unseren Herrn.
A.: Amen.

Alle beten gemeinsam das Gebet des Herrn.

DIE FEIER DER BUSSE

DIE FEIER DER VERSÖHNUNG FÜR EINZELNE

102. Im Bußsakrament erhalten die Gläubigen „für die Gott zugefügten Beleidigungen von seiner Barmherzigkeit Verzeihung und werden zugleich mit der Kirche versöhnt, die sie durch die Sünde verwundet haben und die zu ihrer Bekehrung durch Liebe, Beispiel und Gebet mitwirkt" (Lumen gentium, Nr. 11).

103. Für Kranke ist das Bußsakrament in einer besonderen Weise von Bedeutung: Die Heilige Schrift deutet die Krankheit als ein Zeichen dafür, daß die Beziehungen in unserer Welt und die Beziehungen der Welt zu Gott durch Schuld und Sünde gestört sind. Krankheit ist immer ein Anruf zum Umdenken und zur Bekehrung, denn in ihr zeigt sich, daß unser Heil in Gott ist. In der Feier des Bußsakramentes begegnet dem Kranken der heilende und vergebende Gott, und so werden die durch die Sünde gestörten Beziehungen geheilt. Die Versöhnung mit Gott hilft dem Kranken, seine Situation im Glauben zu bewältigen und zum inneren Frieden zu finden.

BEGRÜSSUNG

104. Der Priester empfängt gütig den Gläubigen, der zum Bekenntnis seiner Sünden zu ihm kommt, und begrüßt ihn freundlich.

105. Dann macht der Beichtende und gegebenenfalls auch der Priester das Kreuzzeichen und spricht:

Z./A.: Im Namen des Vaters und des Sohnes und des Heiligen Geistes. Amen.

Der Priester ermuntert ihn mit folgenden oder ähnlichen Worten zum Vertrauen auf Gott:

A Z.: Gott, der unser Herz erleuchtet,
schenke dir wahre Erkenntnis deiner Sünden
und seiner Barmherzigkeit.

Der Beichtende antwortet:

A.: **Amen.**

Oder:

B Z.: Mit Zuversicht nahe dich dem Herrn,
denn er will nicht den Tod des Sünders,
sondern daß er sich bekehre und lebe.

LESUNG DES WORTES GOTTES

(freigestellt)

106. Wenn es ihm gut scheint, kann der Priester einen Schrifttext über die Barmherzigkeit Gottes und die Bekehrung des Menschen vorlesen oder auswendig sprechen, zum Beispiel:

A Joh 3, 16–17: *Jeder, der an ihn glaubt, soll das ewige Leben haben*

Z.: [16] Gott hat die Welt so sehr geliebt, daß er seinen einzigen Sohn hingab, damit jeder, der an ihn glaubt, nicht zugrunde geht, sondern das ewige Leben hat. [17] Denn Gott hat seinen Sohn nicht in die Welt gesandt, damit er die Welt richtet, sondern damit die Welt durch ihn gerettet wird.

Oder:

B Z.: Gott spricht: Kehrt um zu mir von ganzem Herzen (Joël 2, 12).

SÜNDENBEKENNTNIS UND GENUGTUUNG

107. Der Beichtende kann, wo es Sitte ist, das Bekenntnis seiner Sünden mit einem allgemeinen Sündenbekenntnis (z. B. „Ich bekenne") beginnen.

Wenn nötig, hilft ihm der Priester, seine Sünden vollständig zu beichten, bietet ihm seinen Rat an und ermahnt ihn zur Reue über seine Sünden. Deshalb erinnert er ihn daran, daß der Christ durch das Bußsakrament am Tod und an der Auferstehung Christi teilhat und daß sein Leben durch das Ostergeheimnis erneuert wird. Dann schlägt er ihm ein Bußwerk vor, das der Beichtende zur Genugtuung für seine Sünden und zur Besserung seines Lebens auf sich nimmt.

Der Priester achte darauf, sich in allem auf den Beichtenden einzustellen, sei es in der Art zu sprechen, sei es in den Ratschlägen, die er erteilt.

GEBET DES GLÄUBIGEN UND LOSSPRECHUNG

108. Der Priester lädt den Gläubigen, der gebeichtet hat, ein, seine Reue zum Ausdruck zu bringen. Dieser kann mit folgenden oder ähnlichen Worten beten:

A.: Mein Gott, von ganzem Herzen bereue ich, **A**
daß ich Böses getan und Gutes unterlassen habe;
denn durch meine Sünde habe ich dich, der du
über alles gut bist und wert bist, über alles
geliebt zu werden, beleidigt.
Mit deiner Gnade nehme ich mir fest vor, Buße
zu tun, nicht wieder zu sündigen und die Gelegenheit zur Sünde zu meiden.
Um des Leidens unseres Erlösers, Jesu Christi,
willen erbarme dich meiner, o Herr.

Oder:

A.: Ich bereue, daß ich Böses getan und Gutes **B**
unterlassen habe.
Erbarme dich meiner, o Herr.

109. Dann streckt der Priester seine Hände (oder wenigstens die Rechte) über das Haupt des Gläubigen aus und spricht:

Z.: Gott, der barmherzige Vater,
hat durch den Tod und die Auferstehung seines Sohnes
die Welt mit sich versöhnt
und den Heiligen Geist gesandt

zur Vergebung der Sünden.
Durch den Dienst der Kirche
schenke er dir Verzeihung und Frieden.

So spreche ich dich los von deinen Sünden
im Namen des Vaters
und des Sohnes ✚ und des Heiligen Geistes.

Der Gläubige antwortet:
A.: Amen.

LOBPREIS GOTTES UND ENTLASSUNG

110. Nach der Lossprechung fährt der Priester fort:
Z.: Dankt dem Herrn, denn er ist gütig.

Der Gläubige fügt hinzu:
A.: Sein Erbarmen währt ewig.

Dann entläßt der Priester den Gläubigen, der Versöhnung empfangen hat, mit den Worten:

A Z.: Der Herr hat dir die Sünden vergeben.
Geh hin in Frieden.
A.: Dank sei Gott, dem Herrn.

Oder:

B Z.: Der Herr hat dich von Sünden befreit.
In seinem himmlischen Reich
schenke er dir Heil.
Ihm sei Ehre in Ewigkeit.
A.: Amen.

DER VOLLKOMMENE ABLASS IN DER STERBESTUNDE

111. In keinem Augenblick seines Lebens erfährt der Mensch so tief seine Hilflosigkeit und sein Ausgeliefertsein wie im Sterben. Mit der Angst und Ungewißheit vor dem, was ihm bevorsteht, verbindet sich der Schmerz über alles im Leben Verfehlte und das Gefühl des Unvermögens, sich aus den Verstrickungen der Schuld zu lösen.
In dieser Situation kommt die Kirche dem Sterbenden mit der ganzen Kraft ihrer Fürbitte zu Hilfe. Im Vertrauen auf dieses Gebet der Gemeinschaft darf der Sterbende hoffen, vor der Strafe für seine Schuld verschont zu bleiben.

112. In Todesgefahr kann die Spendung des Bußsakramentes oder das Schuldbekenntnis abgeschlossen werden mit dem vollkommenen Ablaß in der Sterbestunde, den der Priester (tunlichst nach einer kurzen Erklärung) dem Kranken in folgender Weise vermittelt:

Z.: Auf Grund der mir vom Apostolischen Stuhl **A**
verliehenen Vollmacht
gewähre ich dir vollkommenen Ablaß
und Vergebung aller Sünden
im Namen des Vaters
und des Sohnes ✢ und des Heiligen Geistes.
A.: Amen.

Oder:

Z.: Durch die heiligen Geheimnisse unserer **B**
Erlösung
erlasse dir der allmächtige Gott
alle Strafen
des gegenwärtigen und zukünftigen Lebens,
er öffne dir die Pforten des Paradieses
und führe dich zu der immerwährenden Freude.
A.: Amen.

DIE GENERALABSOLUTION

FÜR EINEN EINZELNEN

113. Wenn ein Einzelbekenntnis der Sünden nicht möglich ist, ermahnt der Priester den Pönitenten zur Reue. Dazu kann er ihm ein Reuegebet vorsprechen.

114. Wenn die Zeit drängt, genügt es, wenn der Priester die wesentlichen Worte der Absolution spricht, nämlich:

**Z.: Ich spreche dich los von deinen Sünden
im Namen des Vaters
und des Sohnes ✢ und des Heiligen Geistes.
A.: Amen.**

115. Einem Sterbenden kann dann der vollkommene Ablaß in der Sterbestunde gespendet werden. Nach Möglichkeit soll ihm auch die Krankensalbung gespendet werden.

116. Ein Gläubiger, dem ohne persönliches Sündenbekenntnis schwere Sünden nachgelassen wurden, ist verpflichtet, diese bei der nächsten Beichte einzeln zu bekennen.

GEMEINSCHAFTLICHE VERSÖHNUNG FÜR MEHRERE

117. In besonderen Notsituationen kann es erforderlich sein, daß mehreren Menschen gemeinsam die sakramentale Lossprechung erteilt wird[1].

118. Nach Möglichkeit soll der Priester auch in diesem Fall ein entsprechendes Wort aus der Heiligen Schrift vortragen. Dann soll er die Gläubigen darauf hinweisen, daß sie sich entsprechend vorbereiten müssen: sie sollen die begangenen Sünden bereuen und den Vorsatz fassen, nicht mehr zu sündigen sowie gegebenes Ärgernis und zugefügten Schaden wiedergutzumachen. Zu-

---

[1] Hier ist nur von Notsituationen die Rede, die durch drohende Gefahr entstehen können. Bezüglich der Generalabsolution im Rahmen einer gemeinschaftlichen Feier der Versöhnung sind die Weisungen der zuständigen Bischofskonferenz zu beachten.

gleich sollen sie sich vornehmen, zur gegebenen Zeit jene schweren Sünden einzeln zu bekennen, die sie jetzt nicht in dieser Weise beichten können. Außerdem soll allen ein Bußwerk vorgeschlagen werden, dem jeder nach eigenem Dafürhalten etwas hinzufügen kann. Dann wird ein allgemeines Bekenntnis gesprochen (z. B. „Ich bekenne"). Den Schluß bildet das Gebet des Herrn.

119. Dann erteilt der Priester die Lossprechung. Er streckt die Hände über die Gläubigen aus und spricht:

Z.: Gott, unser Vater,
will nicht den Tod des Sünders,
sondern daß er sich bekehre und lebe;
er hat uns zuerst geliebt
und seinen Sohn in die Welt gesandt,
damit sie durch ihn gerettet werde;
er sei euch barmherzig
und schenke euch Frieden.
A.: Amen.

Z.: Jesus Christus, unser Herr,
ist für unsere Sünden
dem Tod überliefert worden
und zu unserer Rechtfertigung auferstanden;
er hat seinen Aposteln
den Heiligen Geist gegeben,
damit sie in seiner Vollmacht
Sünden nachlassen;
durch meinen Dienst erlöse er euch vom Bösen
und erfülle euch mit Heiligem Geist.
A.: Amen.

Z.: Der Heilige Geist
ist uns geschenkt zur Vergebung der Sünden;
in ihm haben wir Zugang zum Vater;
er reinige und erleuchte eure Herzen,
damit ihr die Machttaten dessen verkündet,
der uns aus der Finsternis
in sein wunderbares Licht gerufen hat.
A.: Amen.

Z.: So spreche ich euch los von euren Sünden
im Namen des Vaters
und des Sohnes ✚ und des Heiligen Geistes.
A.: Amen.

Oder:

B Z.: Gott, der barmherzige Vater,
hat durch den Tod und die Auferstehung
seines Sohnes die Welt mit sich versöhnt
und den Heiligen Geist gesandt
zur Vergebung der Sünden.
Durch den Dienst der Kirche
schenke er euch Verzeihung und Frieden.
So spreche ich euch los von euren Sünden
im Namen des Vaters
und des Sohnes ✚ und des Heiligen Geistes.
A.: Amen.

120. Anschließend lädt der Priester alle zur Danksagung und zum Lobpreis Gottes ein. Zum Abschluß segnet er alle.

121. Bei unmittelbarer Todesgefahr genügen die Worte der Lossprechung, die in diesem Fall, wie folgt, abgekürzt werden können:

Z.: Ich spreche euch los von euren Sünden
im Namen des Vaters
und des Sohnes ✚ und des Heiligen '
A.: Amen.

122. Die Gläubigen, denen durch die Erteilung der Generalabsolution schwere Sünden nachgelassen werden, sind verpflichtet, diese einzeln bei ihrer nächsten Beichte zu bekennen.

DIE LOSSPRECHUNG VON KIRCHENSTRAFEN

123. Bei der Lossprechung von Sünden, die derzeit um ihrer selbst willen oder auf Grund der mit ihnen verbundenen Kirchenstrafen reserviert sind, werden die Worte der Lossprechung nicht verändert. Es genügt, daß der Priester den Sünder, der in geeigneter Weise vorbereitet ist, auch von den reservierten Sünden lossprechen will. Dabei ist – solange nichts anderes bestimmt wird oder die Sache selbst es verlangt – hinsichtlich der Rekurspflicht das geltende Recht zu beachten. Der Beichtvater kann jedoch, bevor er von den Sünden losspricht, von der Kirchenstrafe absolvieren. Er spricht dabei die unten zur Verwendung außerhalb des Bußsakramentes angegebene Formel.

124. Wenn der Priester entsprechend den rechtlichen Bestimmungen außerhalb des Bußsakramentes einen Sünder von einer Kirchenstrafe losspricht, verwendet er folgende Formel:

**Z.: Kraft der mir verliehenen Vollmacht
spreche ich dich los
von der Exkommunikation**
(*oder:* **von der Suspension;** *oder:* **vom Interdikt**).
Im Namen des Vaters und des Sohnes ✚ und des Heiligen Geistes.

Der Losgesprochene antwortet:
A.: Amen.

DIE DISPENS VON IRREGULARITÄT

125. Wenn jemand von einer Irregularität betroffen ist, dispensiert ihn der Priester entsprechend den rechtlichen Bestimmungen entweder innerhalb des Bußsakramentes nach der Lossprechung oder außerhalb des Bußsakramentes mit folgenden Worten:

Z.: Kraft der mir verliehenen Vollmacht
befreie ich dich von der Irregularität,
die du dir zugezogen hast.
Im Namen des Vaters und des Sohnes ✢ und des
Heiligen Geistes.

Der Dispensierte antwortet:
A.: Amen.

DIE FEIER DER TRAUUNG

126. Die sakramentale Ehe ist ein Zeichen des Heiles, das Mann und Frau aufnimmt in das Mysterium der Einheit und Liebe zwischen Christus und der Kirche. Die Liebe der Eheleute verbindet Göttliches und Menschliches. Die Eheleute „fördern sich durch das eheliche Leben sowie in der Annahme und Erziehung der Kinder gegenseitig zur Heiligkeit und haben so in ihrem Lebensstand und in ihrer Ordnung ihre eigene Gabe im Gottesvolk" (Lumen gentium, Nr. 11).

VORBEREITUNG

Es sind vorzubereiten:

In der Sakristei:
Bei einer Trauung ohne Messe die für eine Andacht oder einen Wortgottesdienst vorgesehenen Paramente.

Im Altarraum:
Sitze und Kniebank für das Brautpaar und die Trauzeugen,
ein Teller (Tablett) für die Ringe,
Weihwasser,
gegebenenfalls ein Leuchter für die Brautkerze,
gegebenenfalls ein Tisch für die Unterzeichnung der Trauungsurkunde.

ERÖFFNUNG

127. In der Regel begibt sich der Priester (Diakon), bereits mit den Paramenten bekleidet, zusammen mit den Ministranten zum Eingang der Kirche und empfängt dort das Brautpaar, die Trauzeugen und die Hochzeitsgäste.

128. Wo üblich, reicht er dem Brautpaar das Weihwasser. Danach besprengt er selber alle Versammelten mit dem geweihten Wasser.

129. Unter festlichem Orgelspiel oder einem Eröffnungsgesang geleitet er den Hochzeitszug zu den vorgesehenen Plätzen.

130. Wenn der Empfang an der Kirchentüre nicht stattfindet, verbindet der Priester (Diakon) die Begrüßung der Brautleute mit dem Wortgottesdienst.

WORTGOTTESDIENST

131. Bei einer Trauung ohne Meßfeier kann man sich mit einer Schriftlesung begnügen. Werden zwei Lesungen genommen, so singt man nach der ersten einen Antwortpsalm.
Ist kein Lektor anwesend, so können die Lesungen vor dem Evangelium von Teilnehmern an der Feier (auch von den Trauzeugen, nicht jedoch von den Brautleuten selbst) vorgetragen werden.

A Eph 5, 2a.21–33: *Dieses Geheimnis ist tief*

Lesung aus dem Brief an die Epheser.

[2a] Liebt einander, weil auch Christus uns geliebt und sich für uns hingegeben hat.

[21] Einer ordne sich dem andern unter in der gemeinsamen Ehrfurcht vor Christus. [22] Ihr Frauen, ordnet euch euren Männern unter wie dem Herrn (Christus); [23] denn der Mann ist das Haupt der Frau, wie auch Christus das Haupt der Kirche ist; er hat sie gerettet, denn sie ist sein Leib. [24] Wie aber die Kirche sich Christus unterordnet, sollen sich die Frauen in allem den Männern unterordnen. [25] Ihr Männer, liebt eure Frauen, wie Christus die Kirche geliebt und sich für sie hingegeben hat, [26] um sie im Wasser und durch das Wort rein und heilig zu machen. [27] So will er die Kirche herrlich vor sich erscheinen lassen, ohne Flecken, Falten oder andere Fehler; heilig soll sie sein und makellos. [28] Darum sind die Männer verpflichtet, ihre Frauen so zu lieben wie ihren eigenen Leib. Wer seine Frau liebt, liebt sich selbst. [29] Keiner hat je seinen eigenen Leib gehaßt, sondern er nährt und pflegt ihn, wie auch Christus die Kirche. [30] Denn wir sind Glieder seines Leibes. [31] Darum wird der Mann Vater und Mutter verlassen und sich an seine Frau binden, und die zwei werden

ein Fleisch sein. ³²Dies ist ein tiefes Geheimnis; ich beziehe es auf Christus und die Kirche. ³³ Was euch angeht, so liebe jeder von euch seine Frau wie sich selbst, die Frau aber ehre den Mann.

Antwortpsalm: Ps 33 (32), 12 u. 18.20–21.22
12. Glücklich das Volk, dessen Gott der Herr ist,
die Nation, die er sich zum Erbteil erwählte.
18. Das Auge des Herrn ruht auf allen,
die ihn fürchten und ehren,
die nach seiner Güte ausschaun.

20. Unsere Seele harrt auf den Herrn,
er ist uns Hilfe und Schild.
21. Ja, an ihm freut sich unser Herz,
wir vertrauen auf seinen heiligen Namen.

22. Laß über uns, Herr, deine Güte walten,
so wie wir hoffen auf dich!

Kehrvers 5b:
Von der Huld des Herrn ist die Erde voll.

Mt 19, 3–6: *Was Gott verbunden hat, das darf der Mensch nicht trennen*

Aus dem heiligen Evangelium nach Matthäus.

³Einige Pharisäer, die Jesus eine Falle stellen wollten, fragten: Darf man seine Frau aus jedem beliebigen Grund aus der Ehe entlassen? ⁴Er antwortete: Habt ihr nicht gelesen, daß der Schöpfer die Menschen am Anfang als Mann und Frau geschaffen hat ⁵und daß er gesagt hat: Darum wird der Mann Vater und Mutter verlassen und sich an seine Frau binden, und die zwei werden ein Fleisch sein? ⁶Sie sind also nicht mehr zwei, sondern eins. Was aber Gott verbunden hat, das darf der Mensch nicht trennen.

132. In der Homilie soll der Priester (Diakon), ausgehend von den vorgelesenen Schriftperikopen, vor allem auf Sinn, Zielsetzung und Würde der christlichen Ehe hinweisen und die Aufgabe der Ehegatten darlegen.

133. Spätestens im Anschluß an die Homilie bittet der Priester (Diakon) die beiden Trauzeugen, die vorgesehenen Plätze in der Nähe des Brautpaares einzunehmen.

DIE FRAGEN NACH DER BEREITSCHAFT ZU EINER CHRISTLICHEN EHE

134. Der Priester (Diakon) leitet mit folgenden oder ähnlichen Worten zu den Fragen nach der Bereitschaft zu einer christlichen Ehe über:

Z.: Liebe Brautleute, wir haben das Wort Gottes gehört und seine Botschaft vernommen. Gott hat die Ehe zu einem Abbild seiner Liebe zu uns Menschen gemacht. Er segnet und heiligt die Liebe von Mann und Frau und macht ihre Verbindung unauflöslich, wie auch seine Liebe zu uns unwiderruflich ist. Im Sakrament der Ehe schenkt er den Ehegatten seinen Beistand, damit sie einander ihr Leben lang treu bleiben und die übernommenen Pflichten in Ehe und Familie gemeinsam tragen können.

Ich bitte Sie nun, vor allen Anwesenden zu bekunden, daß Sie bereit sind, eine solche christliche Ehe miteinander einzugehen.

135. Der Priester (Diakon) fragt Bräutigam und Braut einzeln, zunächst den Bräutigam:

Z.: N., ich frage Sie: Sind Sie hierhergekommen, um nach reiflicher Überlegung aus freiem Entschluß mit Ihrer Braut N. den Bund der Ehe zu schließen?
Bräutigam: Ja.

Z.: Wollen Sie Ihre Frau lieben und achten und ihr die Treue halten alle Tage Ihres Lebens, bis der Tod Sie scheidet?
Bräutigam: Ja.

Z.: Sind Sie bereit, die Kinder, die Gott Ihnen schenken will, anzunehmen und sie im Geiste Christi und seiner Kirche zu erziehen?
Bräutigam: Ja.

(Diese dritte Frage unterbleibt, wenn die Umstände – z.B. das Alter der Brautleute – es nahelegen.)

136. Der Priester (Diakon) richtet dieselben Fragen auch an die Braut:

Z.: N., ich frage auch Sie: Sind Sie hierhergekommen, um nach reiflicher Überlegung aus freiem Entschluß mit Ihrem Bräutigam N. den Bund der Ehe zu schließen?
Braut: Ja.

Z.: Wollen Sie Ihren Mann lieben und achten und ihm die Treue halten alle Tage Ihres Lebens, bis der Tod Sie scheidet?
Braut: Ja.

Z.: Sind Sie bereit, die Kinder, die Gott Ihnen schenken will, anzunehmen und sie im Geiste Christi und seiner Kirche zu erziehen?
Braut: Ja.

(Diese dritte Frage unterbleibt, wenn die Umstände – z.B. das Alter der Brautleute – es nahelegen.)

137. Danach richtet der Priester (Diakon) an beide gemeinsam die Frage:

Z.: Sind Sie beide bereit, als christliche Eheleute Ihre Aufgabe in Ehe und Familie, in Kirche und Welt zu erfüllen?
Beide antworten: Ja.

DIE SEGNUNG DER RINGE

138. Wenn die Ringe nicht bereits gesegnet sind, geschieht das jetzt.

Der Priester (Diakon) wendet sich zu den Brautleuten mit folgenden oder ähnlichen Worten:

Z.: Bevor Sie den Ehebund schließen, segne ich im Namen Gottes die Ringe, die Sie einander überreichen werden.

Die Ringe werden auf einem Teller (Tablett) vor den Priester (Diakon) gebracht. Dieser spricht darüber das folgende Segensgebet:

Z.: Heilige, o Herr, die Liebe dieser Brautleute
und segne ✛ die Ringe,
die sie als Gatten tragen werden,
damit sie ihnen allezeit
ein Pfand der Treue
und ein Zeichen ihrer Liebe bleiben.
Darum bitten wir durch Christus, unseren Herrn.
A.: Amen.

DIE EHEERKLÄRUNG ODER DIE VERMÄHLUNG

139. Für die Erklärung des Ehewillens kann man eine der drei nachstehenden Weisen wählen, mit denen jeweils der Ringtausch verbunden ist.

A Kleiner Vermählungsspruch

Z.: Da Sie also beide zu einer christlichen Ehe entschlossen sind, so schließen Sie jetzt vor Gott und der Kirche den Bund der Ehe, indem Sie das Vermählungswort sprechen. Dann stecken Sie einander den Ring der Treue an.

Der Vermählungsspruch kann entweder vom Priester (Diakon) vorgesprochen und von den Brautleuten wiederholt oder von diesen auswendig gesprochen oder auch abgelesen werden.

Der Bräutigam nimmt den Ring der Braut und spricht:

**N., vor Gottes Angesicht
nehme ich dich an als meine Frau.**

Er steckt ihr den Ring an und fährt fort:

**Trag diesen Ring
als Zeichen der Liebe und Treue.
Im Namen des Vaters und des Sohnes
und des Heiligen Geistes.**

Danach nimmt die Braut den Ring des Bräutigams und spricht ebenso:

**N., vor Gottes Angesicht
nehme ich dich an als meinen Mann.**

Sie steckt ihm den Ring an und fährt fort:

**Trag diesen Ring
als Zeichen der Liebe und Treue.
Im Namen des Vaters und des Sohnes
und des Heiligen Geistes.**

Großer Vermählungsspruch B

Z.: Da Sie also beide zu einer christlichen Ehe entschlossen sind, so schließen Sie jetzt vor Gott und der Kirche den Bund der Ehe, indem Sie das Vermählungswort sprechen. Dann stecken Sie einander den Ring der Treue an.

Das Vermählungswort kann entweder vom Priester (Diakon) vorgesprochen und von den Brautleuten wiederholt oder von diesen auswendig gesprochen oder auch abgelesen werden.

Der Bräutigam nimmt den Ring der Braut und spricht:

**N., ich nehme dich an als meine Frau
und verspreche dir die Treue
in guten und in bösen Tagen,
in Gesundheit und in Krankheit.
Ich will dich lieben, achten und ehren,
solange ich lebe.**

Er steckt ihr den Ring an und fährt fort:

**Trag diesen Ring
als Zeichen der Liebe und Treue.
Im Namen des Vaters und des Sohnes
und des Heiligen Geistes.**

Danach nimmt die Braut den Ring des Bräutigams und spricht:

**N., ich nehme dich an als meinen Mann
und verspreche dir die Treue
in guten und in bösen Tagen,
in Gesundheit und in Krankheit.
Ich will dich lieben, achten und ehren,
solange ich lebe.**

Sie steckt ihm den Ring an und fährt fort:

**Trag diesen Ring
als Zeichen der Liebe und Treue.
Im Namen des Vaters und des Sohnes
und des Heiligen Geistes.**

C Vermählung durch das Jawort

Z.: Da Sie also beide zu einer christlichen Ehe entschlossen sind, so schließen Sie jetzt vor Gott und der Kirche den Bund der Ehe, indem Sie das Vermählungswort (Jawort) sprechen. Dann stecken Sie einander den Ring der Treue an.

Der Priester (Diakon) fragt den Bräutigam:

Z.: N., nehmen Sie Ihre Braut **N.** als Ihre Frau an und versprechen Sie, ihr die Treue zu halten in guten und in bösen Tagen, in Gesundheit und Krankheit, und sie zu lieben, zu achten und zu ehren, bis der Tod Sie scheidet? (– Dann sprechen Sie: Ja. –)
Bräutigam: Ja.

Der Priester (Diakon) fährt fort:

Z.: Stecken Sie Ihrer Braut den Ring der Treue an und sprechen Sie: Im Namen des Vaters und des Sohnes und des Heiligen Geistes.

Der Bräutigam nimmt den Ring, steckt ihn der Braut an und spricht:

**Im Namen des Vaters und des Sohnes
und des Heiligen Geistes.**

Der Priester (Diakon) fragt die Braut:

Z.: N., nehmen Sie Ihren Bräutigam **N.** als Ihren Mann an und versprechen Sie, ihm die Treue zu halten in guten und in bösen Tagen, in Gesundheit und Krankheit, und ihn zu lieben, zu achten und zu ehren, bis der Tod Sie scheidet?
(– Dann sprechen Sie: Ja. –)
Braut: Ja.

Der Priester (Diakon) fährt fort:

Z.: Stecken Sie Ihrem Bräutigam den Ring der Treue an und sprechen Sie: Im Namen des Vaters und des Sohnes und des Heiligen Geistes.

Die Braut nimmt den Ring, steckt ihn dem Bräutigam an und spricht:

Im Namen des Vaters und des Sohnes und des Heiligen Geistes.

DIE BESTÄTIGUNG DER VERMÄHLUNG

140. Der Priester (Diakon) zu den Brautleuten:

Z.: Nun reichen Sie einander die rechte Hand.

Der Priester (Diakon) umwindet die beiden ineinandergelegten Hände mit der Stola, legt darüber seine eigene rechte Hand und spricht:

**Der Herr, unser Gott, festige den Ehebund, A
den Sie vor ihm und seiner Kirche geschlossen haben.**

Oder:

**Z.: Im Namen Gottes und seiner Kirche B
bestätige ich den Ehebund,
den Sie heute geschlossen haben.**

141. Jedes der beiden Bestätigungsworte wird abgeschlossen mit dem Wort des Priesters (Diakons) an die Versammelten:

Z.: Euch (Sie) alle aber, die ihr (Sie) zugegen seid (sind), nehme ich zu Zeugen dieses heiligen Bundes. „Was Gott verbunden hat, das darf der Mensch nicht trennen."

DIE SEGNUNG DER NEUVERMÄHLTEN

142. Es folgt die Segnung der Neuvermählten mit dem nachfolgenden Großen Segensgebet (Brautsegen). Die in Klammern stehenden Texte entfallen, wenn die Umstände es nahelegen.
Die Brautleute knien nieder.

Z.: Lasset uns beten, Brüder und Schwestern, zu Gott, unserem Vater, und ihn um seinen Segen bitten für dieses Brautpaar, damit er mit seiner Hilfe immer bei ihnen sei, die er im heiligen Ehebund vereint hat.

Alle beten kurze Zeit in der Stille. Dann breitet der Priester (Diakon) die Hände über die Brautleute aus und spricht:

Z.: Heiliger Vater, du Schöpfer der ganzen Welt, du hast Mann und Frau nach deinem Bild geschaffen und ihre Gemeinschaft gesegnet.

Wir bitten dich für diese Neuvermählten, die heute durch das Sakrament der Ehe verbunden wurden.

Gewähre ihnen, o Herr, die Fülle deines Segens, damit ihre Liebe reife und sie beide in Treue miteinander glücklich werden. (Laß sie mit Kindern gesegnet sein zu ihrer Freude und zur Freude deiner Kirche.)

Segne deine Dienerin N. und mache sie zu einer guten Frau (und Mutter). Schenke ihr Liebenswürdigkeit und Weisheit, Geduld und Stärke, Frömmigkeit und Gottesfurcht.

Segne deinen Diener N., damit er ein guter Ehemann (und Vater) und den Seinen ein Vorbild sei. Laß seine Arbeit Frucht bringen und steh ihm bei in der Sorge für seine Familie.

Beide mögen in frohen Tagen dich loben, in schweren bei dir Hilfe suchen, bei all ihrem Tun deine Nähe verspüren, in der Not deine Hilfe erfahren, in der Gemeinschaft der Kirche dich preisen und in der Welt deine Zeugen sein.

Laß sie in Gesundheit ein hohes Alter erreichen und mit ihren (Kindern,) Verwandten und Freunden zum himmlischen Reich gelangen.

Darum bitten wir durch Christus, unseren Herrn.
A.: Amen.

DIE FÜRBITTEN

143. An die Segnung der Neuvermählten durch den Priester (Diakon) schließen sich die Fürbitten der Gemeinde an. Diese sollen sich in der Regel nicht auf die Neuvermählten beschränken, sondern Eltern, Kinder, Verwandte und Freunde sowie alle, die in einer Ehe oder Familie leben, einschließen.

Es kann sich empfehlen, die einzelnen Bitten auf Eltern, Verwandte und Freunde zu verteilen. Diese können ihre Fürbitten aus den nachfolgenden Beispielen auswählen oder auch selber formulieren. Dabei spricht der Priester (Diakon) jeweils die Einleitung und das Schlußgebet.

Welche Fürbitten gewählt und vorgetragen werden, ist vorher mit dem Priester (Diakon) abzusprechen, der der Eheschließung assistiert.

Z.: Gott und Vater, zu dir beten wir für diese **A** Brautleute, die im Vertrauen auf dich den Bund der Ehe geschlossen haben:

Z. oder V.: Halte deine schützende Hand über das Leben dieser Brautleute.
A.: Wir bitten dich, erhöre uns.
Z. oder V.: Laß sie allzeit in Liebe und Treue einander zugetan bleiben.
A.: Wir bitten dich, erhöre uns.
Z. oder V.: Erfülle ihre Hoffnung und schenke ihnen gesunde Kinder.
A.: Wir bitten dich, erhöre uns.
Z. oder V.: Erneuere in allen Ehegatten, die hier anwesend sind, die Gnade, die du dem Bund der Ehe verheißen hast.
A.: Wir bitten dich, erhöre uns.
Z. oder V.: Gib deiner Kirche Familien, die sich

bemühen, den christlichen Glauben in der Welt zu leben.
A.: Wir bitten dich, erhöre uns.
Z. oder V.: Schenke den verstorbenen Angehörigen dieser Brautleute das ewige Leben.
A.: Wir bitten dich, erhöre uns.

Z.: Allmächtiger Gott, du hast denen deine Nähe zugesagt, die ihren Bund unter dein Wort stellen. Erweise auch diesen Brautleuten deine Treue und schenke ihnen deine Liebe, durch Christus, unseren Herrn.
A.: Amen.

Oder:

B **Z.:** Christus, unseren Herrn, durch den der Vater uns alle guten Gaben schenkt, laßt uns voll Vertrauen bitten:

Eltern: Für N. und N., daß Gott ihnen füreinander den Blick der Liebe, das rechte Wort und die helfende Hand schenke, laßt uns den Herrn bitten.
Erhöre uns, Christus.
A.: Erhöre uns, Christus.

Für N. und N.,
daß Gott sie stärke für ihre Aufgaben in der Familie und im Beruf.
Daß Gott ihnen in Stunden der Einsamkeit die Kraft gebe, füreinander dazusein.
Daß Gott sie gesund erhalte und glücklich mache und ihre Ehe mit Kindern segne.

Braut: Für unsere Eltern und Geschwister, für unsere Freunde und Verwandten und für alle, denen wir zu danken haben.

Bräutigam: Für alle, die uns durch ihr Kommen oder durch ihre Glückwünsche Freude bereitet haben.

Freunde: Für alle Eheleute laßt uns bitten.
Für die jungen Menschen in unseren Familien.
Für die Einsamen, Alten und Kranken.
Um den Frieden unter den Völkern und die Einheit der Kirche.
Für alle Toten, besonders für die verstorbenen Angehörigen des Brautpaares.

Z.: Gott, deine Güte ist größer als unser Herz. Laß alle, für die wir hier gebetet haben, erfahren, daß du uns mehr schenkst, als wir zu erbitten wagen, und daß denen, die dich lieben, alle Dinge zum besten gereichen. Darum bitten wir durch Christus, unseren Herrn.
A.: Amen.

ABSCHLUSS

144. Wenn die Neuvermählten zu kommunizieren wünschen und eine Meßfeier nicht möglich ist, kann an deren Stelle eine Kommunionfeier gehalten werden, die auch von einem Diakon gehalten werden darf.
Sonst schließt die Feier mit dem Gebet des Herrn.

DIE KONVALIDATION

145. Einfache Konvalidation: Bei Mangel der Ehefähigkeit ist nach Wegfall oder Beseitigung des Ehehindernisses der Ehewille zu erneuern. Wenn der Nichtigkeitsgrund beweisbar ist, geschieht die Konvalidation durch beide Partner in kanonischer Form (s. o. Nr. 139).
Wenn das Hindernis geheim und beiden bekannt ist, geschieht dies geheim und privat (ohne Zeugen); ist das Hindernis nur einem bekannt, und dauert der Konsens des anderen fort, so ist nur die geheime Konsenserneuerung des einen erfordert.
Bei Konsensmangel ist der Ehewille in der gleichen Weise zu erneuern.
Die private Konsenserneuerung kann durch Worte oder ehelichen Verkehr cum affectu maritali geschehen.
Eine wegen Formfehlers nichtige Ehe ist erneut in der kirchlich vorgeschriebenen Form (s. o. Nr. 139) ohne Aufgebote in aller Stille vor dem Pfarrer und zwei Zeugen abzuschließen.

146. Eheheilung in der Wurzel: Eine mit hinreichendem Ehewillen geschlossene, aber wegen eines dispensierbaren trennenden Ehehindernisses oder wegen Mangels in der Form bisher nichtige Ehe wird durch einen kirchlichen Hoheitsakt vom etwaigen Hindernis und von der Pflicht der Konsenserneuerung befreit und aufgrund des beiderseits fortdauernden Ehewillens als gültig anerkannt. Bei Vorliegen eines entsprechend wichtigen Grundes kann sie auch ohne Wissen eines oder beider Gatten gewährt werden.
Jede in kirchlicher Form erfolgte Konvalidation ist im Trauungs- und im Taufbuch einzutragen.

DIE KRANKENSAKRAMENTE

147. Es gibt nur wenige Dinge im Leben, die den Menschen so tief treffen wie die Krankheit. In ihr erfahren wir alle, wie wenig wir das Leben in unserer Hand haben, wie ohnmächtig wir im Grunde sind. So ist die Krankheit eine Herausforderung, die grundlegenden Fragen des Lebens neu zu entdecken und zu bedenken.
Sie fordert uns heraus zu einem bewußteren Leben und zum Nachdenken über unser Leben mit Gott.

148. Dennoch ist die Krankheit an sich ein Übel. Die Heilige Schrift sieht in der Bedrohung des Menschen durch sie ein Zeichen dafür, daß wir in einer Welt leben, die noch nicht unter die volle Herrschaft Gottes zurückgeführt ist. Jesus zeigt sich in den Evangelien als der große Gegner und Überwinder der Krankheit. In seinen Krankenheilungen offenbart sich Gott als das Heil aller Menschen und sagt die Wiederherstellung seiner Schöpfung an. Die Krankheit ist in der Wurzel überwunden. In Jesus ist offenbar geworden, daß Gott den Leidenden nicht fern, sondern besonders nahe ist. Denn Jesus selbst hat die bittere Wirklichkeit des Leidens durchgestanden. Es kann dem Kranken ein Trost sein, daß er durch seine Krankheit und seine Leiden nach dem Wort des Apostels das ausfüllt, was am Leiden Christi für das Heil der Welt noch aussteht (vgl. Kol 1, 24).

DER KRANKENBESUCH

149. Der Auftrag Christi, sich um die Kranken zu kümmern, gilt allen Getauften (vgl. Mt 25,36).
Die Vorsteher der Gemeinde, aber auch alle anderen sollen sich der Kranken annehmen, ihnen aus dem Glauben Zuspruch schenken und mit ihnen den Sinn der Krankheit zu verstehen und anzunehmen suchen.
Die Kranken sollen, wenn möglich, zum öfteren Empfang der Sakramente der Buße und der Eucharistie und vornehmlich zum rechtzeitigen Empfang der Krankensalbung geführt werden.
Besteht akute Lebensgefahr, soll den Kranken der Empfang der Wegzehrung nahegelegt werden.

150. Bei der Sorge um das geistliche Wohl der Kranken empfiehlt es sich, mit ihnen zu beten und sie zum persönlichen Beten wie auch zum gemeinsamen Gebet mit ihren Angehörigen und ihrem Pflegepersonal anzuleiten. Der Priester kann beim Krankenbesuch eine gemeinsame Gebetsandacht nach Art eines kurzen Wortgottesdienstes halten, die aus der Lesung eines Schriftwortes, einem gemeinsamen Gebet und dem abschließenden Segen bestehen kann (vgl. auch die Krankensegnung Nr. 314.

DIE KRANKENKOMMUNION

151. In der Kommunion begegnet der Mensch in besonders tiefer Weise dem gekreuzigten und auferstandenen Herrn. Gerade für den Kranken ist dieses Sakrament ein großes Geschenk. Es gibt ihm lebendige Gemeinschaft mit Christus, dem Heiland der Kranken. Es hilft ihm, sich ganz mit dem Herrn zu verbinden, der durch Leiden und Sterben hindurch in die Herrlichkeit eingegangen ist. So lenkt die Kommunion den Blick des Kranken auf die Fülle des Lebens, die auch ihm verheißen ist.

152. Die Seelsorger sollen darum bemüht sein, daß den Kranken und den älteren Menschen häufig, ja, wenn möglich, täglich, besonders in der Osterzeit, Gelegenheit zum Empfang der Eucharistie geboten wird, auch wenn sie nicht schwer erkrankt sind oder gar in Todesgefahr schweben. Kranke können die Eucharistie zu jeder Tageszeit empfangen.

Wenn Kranke die Eucharistie nicht mehr unter der Gestalt des Brotes empfangen können, kann sie ihnen unter der Gestalt des Weines gespendet werden. Dabei sind die Vorschriften in **Nr. 196** zu beachten.

Die Betreuer eines Kranken können zugleich mit ihm die heilige Kommunion empfangen unter Beachtung der entsprechenden Vorschriften.

153. Wird die heilige Kommunion außerhalb der Kirche gespendet, so sollen die eucharistischen Gestalten in einer Kapsel oder einem anderen verschlossenen Gefäß zum Ort der Spendung gebracht werden. Die Weise der Übertragung und die Wahl der Kleidung soll den jeweiligen Gegebenheiten entsprechen.

154. Die mit dem Kranken zusammen wohnen oder ihn betreuen, sollen gebeten werden, das Krankenzimmer vorher passend herzurichten. Es soll ein mit einem weißen Tuch bedeckter Tisch vorhanden sein, auf den das Gefäß mit dem Sakrament gestellt oder gelegt werden kann. Auch bereite man vor, je nach örtlichem Brauch: auf dem Tisch Kerzen, ein Gefäß mit Weihwasser und ein Aspergill oder einen Zweig zum Besprengen.

DER GROSSE RITUS DER KRANKENKOMMUNION

Gewöhnliche Form der Hauskommunion

155. Der Priester tritt zum Kranken hin in einer Kleidung, wie sie diesem heiligen Dienst entspricht. Er begrüßt den Kranken und alle Anwesenden. Dabei kann die folgende Begrüßungsformel verwendet werden:

A Z.: **Der Friede sei mit diesem Haus und mit allen, die darin wohnen.**

Oder:

B Z.: **Der Friede des Herrn sei mit euch (dir).**

Danach stellt er das Gefäß mit dem Allerheiligsten auf den Tisch und verehrt zusammen mit allen Anwesenden in stiller Anbetung das Sakrament.

156. Wo es tunlich ist, nimmt er nun Weihwasser und besprengt damit den Kranken und das Zimmer. Dabei kann er etwa folgende Worte sprechen:

Z.: **Dieses geweihte Wasser erinnere uns an den Empfang der Taufe und an Christus, der uns durch sein Leiden und seine Auferstehung erlöst hat.**

157. Wenn erforderlich, nimmt der Priester nun die sakramentale Beichte des Kranken entgegen.

158. Legt der Kranke jetzt keine sakramentale Beichte ab, oder möchten auch noch andere Anwesende kommunizieren, dann lädt der Priester den Kranken und die übrigen Umstehenden zum Schuldbekenntnis ein, etwa mit folgenden oder ähnlichen Worten:

Z.: **Brüder und Schwestern, damit wir diese heilige Kommunionfeier in der rechten Gesinnung begehen, prüfen wir uns selbst und bekennen unsere Schuld.**

Es folgt eine kurze Stille, danach sprechen alle gemeinsam das Schuldbekenntnis:

A.: Ich bekenne Gott, dem Allmächtigen,
und allen Brüdern und Schwestern,
daß ich Gutes unterlassen
und Böses getan habe
– ich habe gesündigt
in Gedanken, Worten und Werken –

sie schlagen an die Brust und sprechen:

durch meine Schuld, durch meine Schuld,
durch meine große Schuld.

Dann fahren sie fort:

Darum bitte ich die selige Jungfrau Maria,
alle Engel und Heiligen
und euch, Brüder und Schwestern,
für mich zu beten bei Gott, unserem Herrn.

Der Priester beschließt das Gebet:

Z.: Der allmächtige Gott erbarme sich unser.
Er lasse uns die Sünden nach
und führe uns zum ewigen Leben.
A.: Amen.

159. Je nach den Verhältnissen kann nun einer der Anwesenden oder der Priester selbst eine Lesung aus der Heiligen Schrift vortragen, z.B.

Joh 6, 54–55

Jesus spricht: **A**
⁵⁴Wer mein Fleisch ißt und mein Blut trinkt, hat das ewige Leben, und ich werde ihn auferwecken am Letzten Tag. ⁵⁵Denn mein Fleisch ist eine wahre Speise, und mein Blut ist ein wahrer Trank.

Wort des Apostels Paulus: **B**
Sooft ihr von diesem Brot eßt und aus dem Kelch trinkt, verkündet ihr den Tod des Herrn, bis er kommt. **(1 Kor 11, 25)**

Diesen Texten kann, wo es tunlich ist, eine kurze Auslegung folgen. Auch können Fürbitten eingefügt werden.

160. Dann leitet der Priester mit folgenden oder ähnlichen Worten das Gebet des Herrn ein:

Z.: Laßt uns alle zusammen zu Gott dem Vater beten, wie unser Herr Jesus Christus uns zu beten gelehrt hat:

Alle sprechen gemeinsam:

**A.: Vater unser im Himmel,
Geheiligt werde dein Name.
Dein Reich komme.
Dein Wille geschehe,
wie im Himmel so auf Erden.
Unser tägliches Brot gib uns heute.
Und vergib uns unsere Schuld,
wie auch wir vergeben unsern Schuldigern.
Und führe uns nicht in Versuchung,
sondern erlöse uns von dem Bösen.
Denn dein ist das Reich und die Kraft
und die Herrlichkeit in Ewigkeit. Amen.**

161. Danach zeigt der Priester das heilige Sakrament und spricht:

**Z.: Seht das Lamm Gottes,
das hinwegnimmt die Sünde der Welt.**

Der Kranke und alle anderen, die die Kommunion empfangen wollen, sprechen:

**A.: Herr, ich bin nicht würdig,
daß du eingehst unter mein Dach,
aber sprich nur ein Wort,
so wird meine Seele gesund.**

Der Priester spricht:

**Z.: Selig,
die zum Hochzeitsmahl des Lammes geladen sind.**

162. Der Priester tritt zum Kranken hin, zeigt ihm das Sakrament und spricht:

Z.: Der Leib Christi (oder: Das Blut Christi).

Der Kranke antwortet:

A.: Amen.

Er empfängt die heilige Kommunion.

Die Anwesenden, die kommunizieren wollen, empfangen das Sakrament in der gewohnten Weise.

163. Nach der Kommunion purifiziert der Priester die Krankenpatene in der üblichen Weise. Gegebenenfalls kann für eine Weile Gebetsstille eingehalten werden.

Dann spricht der Priester die Schlußoration:

Z.: Laßt uns beten:
Herr, heiliger Vater, allmächtiger, ewiger Gott,
wir bitten dich in gläubigem Vertrauen
für unseren Bruder (unsere Schwester) N.:
Der heilige Leib (das kostbare Blut)
deines Sohnes
sei ihm (ihr) eine heilbringende Arznei für Leib und Seele.
Durch Christus, unseren Herrn.
A.: Amen.

164. Dann segnet der Priester den Kranken und alle Anwesenden: Entweder macht er über sie das Zeichen des Kreuzes mit der Krankenpatene, wenn Hostien darin übriggeblieben sind, oder er benützt die Formeln, die als Schlußsegen bei der Krankensalbung (Nr. 190) oder bei der Messe vorgesehen sind.

DER KLEINE RITUS DER KRANKENKOMMUNION

Kurzform für Krankenhäuser und außergewöhnliche Fälle

165. Dieser kürzere Ritus wird verwendet, wenn der große Ritus nicht angebracht erscheint, z.B. wenn die heilige Kommunion mehreren Kranken in verschiedenen Räumen des gleichen Hauses, etwa eines Krankenhauses, gespendet werden soll oder der Zustand der Kranken oder die Umstände es erfordern.

Elemente aus dem großen Ritus können eingefügt werden.

166. Wollen die Kranken beichten, so soll der Priester womöglich vor Beginn der Kommunionspendung zu einer geeigneten Zeit die Beichte hören und die Lossprechung erteilen.

167. Der Ritus kann in der Kirche, in einem Andachtsraum oder im Krankenzimmer selbst (bei mehreren Krankenzimmern im ersten Raum) begonnen werden. Dabei spricht der Priester die folgende Antiphon:

Z.: O heiliges Gastmahl,
in dem Christus empfangen,
das Andenken seines Leidens erneuert,
das Herz mit Gnaden erfüllt
und uns das Unterpfand
der künftigen Herrlichkeit gegeben wird.

168. Danach begibt sich der Priester zu den Kranken, gegebenenfalls in Begleitung eines Kerzenträgers. Er spricht entweder einmal zu allen Kranken, die im selben Raum sind, oder, wo es sinnvoller ist, zu jedem Kommunikanten einzeln:

Z.: Seht das Lamm Gottes,
das hinwegnimmt die Sünde der Welt.

Die Kommunikanten antworten:

A.: Herr, ich bin nicht würdig,
daß du eingehst unter mein Dach,
aber sprich nur ein Wort,
so wird meine Seele gesund.

Der Priester spricht:

**Z.: Selig,
die zum Hochzeitsmahl des Lammes geladen sind.**

Die Kranken empfangen die heilige Kommunion in der gewohnten Weise.

169. Die Schlußoration kann in der Kirche bzw. in dem Andachtsraum oder im (letzten) Krankenzimmer gesprochen werden. Der Segen entfällt.

DIE KRANKENSALBUNG

170. Durch die Krankensalbung empfiehlt die ganze Kirche den Kranken dem Herrn, daß er ihn aufrichtet und rettet; wenn der Kranke Sünden begangen hat, werden sie ihm vergeben (vgl. Jak 5, 15).

171. In Todesgefahr stärkt die Krankensalbung den Menschen in seinem letzten Kampf und läßt ihn eins werden mit dem Herrn, der durch den Tod zum Leben hindurchgegangen ist.

Empfänger

172. Das Sakrament der Krankensalbung soll in jeder ernsthaften Erkrankung, die eine Erschütterung des gesamtmenschlichen Befindens darstellt, empfangen werden. Als Empfänger kommt daher jeder Gläubige in Frage, der sich wegen Krankheit oder Altersschwäche in einem bedrohlich angegriffenen Gesundheitszustand befindet.
Die Salbung kann bei einem Rückfall oder beim Eintreten einer weiteren Verschlechterung des Zustandes des Kranken wiederholt werden. Alten Menschen, die sehr geschwächt sind, kann dieses Sakrament gespendet werden, auch wenn keine ernsthafte Erkrankung ersichtlich ist.
Auch Kinder können die heilige Salbung empfangen, wenn sie erstmals zum Gebrauch der Vernunft gekommen sind, so daß sie durch dieses Sakrament Stärkung erfahren können.
Kranken, die das Bewußtsein oder den Vernunftgebrauch verloren haben, kann das Sakrament gespendet werden, wenn sie im Besitz ihrer geistigen Kräfte mit Wahrscheinlichkeit als gläubige Menschen nach dem Sakrament verlangt hätten.
Ist der Kranke beim Kommen des Priesters sicher schon tot, soll dieser für ihn beten (Nr. 253); die Salbung aber soll er nicht mehr vornehmen. Im Zweifel kann er das Sakrament bedingungsweise spenden.

Spender

173. Der eigentliche Spender der Krankensalbung ist allein der Priester, und zwar üben diesen Dienst als ordentliche Träger der Vollmacht die Bischöfe, die Pfarrer mit ihren Kooperatoren, die Seelsorger der Krankenhäuser und Altenheime und die Oberen der Klerikergemeinschaften aus. Die übrigen Priester spenden die Krankensalbung mit Zustimmung der Genannten.
Im Notfall genügt es, die Zustimmung zu präsumieren und dem Pfarrer oder Krankenhausseelsorger nachträglich die Spendung des Sakramentes zu melden.

Vollzug der Feier

174. Nach der liturgischen Neuordnung soll das sakramentale Geschehen der Krankensalbung zu einer echten Feier entfaltet werden. Die Vollform der Feier hat den Vorrang vor dem Notspenderitus. Im Normalfall besteht also die Feier aus zwei Teilen: der Wortliturgie und der eigentlichen Spendung des Sakramentes. Auf dem Höhepunkt der Feier salbt der Priester den Kranken auf der Stirn und an den Händen mit dem geweihten Öl und spricht dazu die Begleitworte. So wird das Wirken des Herrn im Sakrament verdeutlicht, die Gnade des Heiligen Geistes herabgerufen und die Heilszusage ausgesprochen: Rettung und Aufrichtung des Kranken in seiner leibseelischen Schwäche und, wenn nötig, auch die Befreiung von Sünden.
Für die sakramentale Salbung wird Olivenöl oder ein anderes pflanzliches Öl verwendet, das vom Bischof in der Chrisammesse des Gründonnerstags geweiht wurde. Im Notfall kann jeder Priester das Öl vor der Salbung weihen.

DIE GRUNDFORM
DER KRANKENSALBUNG

Der gewöhnliche Ritus

VORBEREITUNG DER FEIER

175. Der Priester erkundigt sich nach dem Zustand des Kranken, dem er die heilige Salbung spenden soll, und richtet sich danach in der Vorbereitung der Feier, in der Auswahl der Schriftlesung und der Gebete. Nach Möglichkeit legt er dies alles in einer Vorbesprechung mit dem Kranken oder auch seiner Familie fest und erklärt zugleich den Sinn des Sakramentes.

176. Wenn eine sakramentale Beichte erforderlich ist, sucht der Priester den Kranken möglichst schon vor der Feier der Krankensalbung auf. Kann jedoch die Beichte erst zur gleichen Zeit abgelegt werden, zu der auch die Salbung stattfindet, soll sie am Beginn der Feier stehen. Wenn mit der Feier der Salbung keine Beichte verbunden wird, ist es angebracht, ein allgemeines Schuldbekenntnis einzufügen.

177. Ist der Kranke nicht bettlägerig, so kann er das Sakrament in der Kirche oder an einem anderen passenden Ort empfangen.

In Krankenhäusern soll der Priester auf andere etwa anwesende Kranke Rücksicht nehmen. Er muß darauf achten, ob diese imstande sind, sich irgendwie an der Feier zu beteiligen, oder ob sie dadurch vielleicht zu sehr ermüdet würden.

178. Der nachstehende Ritus wird auch bei der gleichzeitigen Salbung mehrerer Kranker benutzt. In diesem Fall wird die Handauflegung und die mit der sakramentalen Formel verbundene Salbung an jedem einzelnen vollzogen. Alle anderen Texte werden nur einmal in der Pluralform gesprochen.

ERÖFFNUNG

179. Der Priester tritt zum Kranken in einer Kleidung, wie sie diesem heiligen Dienst entspricht. Er begrüßt den Kranken und alle Anwesenden. Dabei kann folgende Begrüßungsformel verwendet werden:

Z.: Der Friede des Herrn sei mit diesem Haus und mit allen, die darin wohnen. **A**

Oder:

Z.: Der Friede des Herrn sei mit euch (dir). **B**

180. Wo es tunlich ist, nimmt er nun Weihwasser und besprengt damit den Kranken und das Zimmer. Dabei kann er etwa folgende Worte sprechen:

Z.: Dieses geweihte Wasser erinnere uns an den Empfang der Taufe und an Christus, der uns durch sein Leiden und seine Auferstehung erlöst hat.

181. Dann wendet er sich an die Anwesenden mit etwa folgenden Worten: **A**

Z.: Liebe Brüder und Schwestern, wir sind hier versammelt im Namen unseres Herrn Jesus Christus. Wie das Evangelium berichtet, kamen die Kranken zu Jesus, um ihn um Heilung zu bitten. Er, der für uns so viel gelitten hat, ist jetzt mitten unter uns. Durch den Apostel Jakobus hat er uns aufgetragen: „Ist einer von euch krank? Dann rufe er die Ältesten der Gemeinde zu sich: Sie sollen über ihn beten und ihn im Namen des Herrn mit Öl salben. Das Gebet aus dem Glauben wird den Kranken retten, und der Herr wird ihn aufrichten, und wenn er Sünden begangen hat, werden sie ihm vergeben."

Darum komme ich heute als Priester der Kirche zu diesem (dieser) Kranken, um über ihn (sie) zu beten und ihn (sie) zu salben. Wir empfehlen unseren kranken Bruder (unsere kranke Schwester) der Gnade und der Kraft Christi, damit er (sie) Erleichterung und Heil finde.

B Oder, es wird das folgende Gebet genommen:

Z.: Herr Jesus Christus, du hast durch deinen Apostel Jakobus gesagt: „Ist einer von euch krank? Dann rufe er die Ältesten der Gemeinde zu sich: Sie sollen über ihn beten und ihn im Namen des Herrn mit Öl salben. Das Gebet aus dem Glauben wird den Kranken retten, und der Herr wird ihn aufrichten, und wenn er Sünden begangen hat, werden sie ihm vergeben."

Wir sind in deinem Namen versammelt
und bitten dich vertrauensvoll:
Sei uns nahe
und beschütze unseren kranken Bruder (unsere kranke Schwester) N.
(und alle anderen Kranken in diesem Haus)
durch dein gnädiges Erbarmen.
Der du lebst und herrschest in alle Ewigkeit.
A.: Amen.

SCHULDBEKENNTNIS

182. Wenn keine sakramentale Beichte abgelegt wird, folgt das Schuldbekenntnis, das der Priester etwa wie folgt einleiten kann:

Z.: Brüder und Schwestern, damit wir die Feier der Krankensalbung in der rechten Gesinnung begehen, prüfen wir uns selbst und bekennen unsere Schuld.

Es folgt eine kurze Stille, danach sprechen alle gemeinsam das Schuldbekenntnis:

A.: Ich bekenne Gott, dem Allmächtigen,
und allen Brüdern und Schwestern,
daß ich Gutes unterlassen
und Böses getan habe
– ich habe gesündigt
in Gedanken, Worten und Werken –

sie schlagen an die Brust und sprechen:

durch meine Schuld, durch meine Schuld,
durch meine große Schuld.

Dann fahren sie fort:

Darum bitte ich die selige Jungfrau Maria,
alle Engel und Heiligen
und euch, Brüder und Schwestern,
für mich zu beten bei Gott, unserem Herrn.

Der Priester beschließt das Gebet:

Z.: Der allmächtige Gott erbarme sich unser.
Er lasse uns die Sünden nach
und führe uns zum ewigen Leben.
A.: Amen.

LESUNG AUS DER HEILIGEN SCHRIFT

183. Danach wird von einem der Anwesenden oder vom Priester selbst ein kurzer Text aus der Heiligen Schrift vorgelesen.

Mt 8, 5–10.13: *Es soll geschehen, wie du geglaubt hast* A

Brüder und Schwestern, hört die folgenden Worte aus dem heiligen Evangelium nach Matthäus.
⁵ Als Jesus nach Kafarnaum kam, trat ein Hauptmann an ihn heran und bat ihn: ⁶ Herr, mein Diener liegt gelähmt zu Hause und hat große Schmerzen. ⁷ Jesus sagte zu ihm: Ich will kommen und ihn gesund machen. ⁸ Da antwortete der Hauptmann: Herr, ich bin nicht wert, daß du mein Haus betrittst; sprich nur ein Wort, und mein Diener wird gesund. ⁹ Auch ich muß Befehlen gehorchen und habe Soldaten unter mir; sage ich nun zu einem: Geh!, so geht er, und zu einem andern: Komm!, so kommt er, und zu meinem Diener: Tu das!, so tut er es. ¹⁰ Jesus war erstaunt, als er das hörte, und sagte zu denen, die ihm nachfolgten: Amen, ich sage euch: Einen solchen Glauben habe ich in Israel noch bei niemandem gefunden. ¹³ Und zum

Hauptmann sagte Jesus: Geh! Es soll geschehen, wie du geglaubt hast. Und in derselben Stunde wurde der Diener gesund.

B Röm 8, 18–27 : *Wir erwarten die Erlösung unseres Leibes*

Lesung aus dem Brief an die Römer.

¹⁸ Ich bin überzeugt, daß die Leiden der gegenwärtigen Zeit nichts bedeuten im Vergleich zu der Herrlichkeit, die an uns offenbar werden soll. ¹⁹ Denn die ganze Schöpfung wartet sehnsüchtig auf das Offenbarwerden der Söhne Gottes. ²⁰ Die Schöpfung ist der Vergänglichkeit unterworfen, nicht aus eigenem Willen, sondern durch den, der sie unterworfen hat; aber zugleich gab er ihr Hoffnung: ²¹ Auch die Schöpfung soll von der Sklaverei und Verlorenheit befreit werden zur Freiheit und Herrlichkeit der Kinder Gottes.

²² Denn wir wissen, daß die gesamte Schöpfung bis zum heutigen Tag seufzt und in Geburtswehen liegt. ²³ Aber auch wir, obwohl wir als Erstlingsgabe den Geist haben, seufzen in unserem Herzen und warten darauf, daß wir mit der Erlösung unseres Leibes als Söhne offenbar werden. ²⁴ Denn wir sind gerettet, doch in der Hoffnung. Hoffnung aber, die man schon erfüllt sieht, ist keine Hoffnung. Wie kann man auf etwas hoffen, das man sieht? ²⁵ Hoffen wir aber auf das, was wir nicht sehen, dann harren wir aus in Geduld.

²⁶ So nimmt sich auch der Geist unserer Schwachheit an. Denn wir wissen nicht, worum wir in rechter Weise beten sollen; der Geist selber tritt jedoch für uns ein mit Seufzen, das wir nicht in Worte fassen können. ²⁷ Und Gott, der die Herzen erforscht, weiß, was die Absicht des Geistes ist: Er tritt so, wie Gott es will, für die Heiligen ein.

Es kann auch sonst eine passende Lesung genommen werden. Je nach der Situation kann eine kurze Erklärung des Textes folgen.

FÜRBITTEN

184. Die nachfolgenden Fürbitten können an dieser Stelle oder nach der Salbung gesprochen werden, gegebenenfalls auch an beiden Stellen. Der Priester kann den Text den Umständen entsprechend anpassen oder kürzen.

A

Z.: Brüder und Schwestern, wir wenden uns in vertrauensvollem Gebet aus der Kraft unseres gemeinsamen Glaubens an den Herrn und bitten inständig für unseren Bruder (unsere Schwester) N.:

Herr, komm mit deinem Erbarmen und stärke unseren Bruder (unsere Schwester) mit der heiligen Salbung.
A.: Wir bitten dich, erhöre uns.
Z.: Mache ihn (sie) frei von allem Übel und allem Bösen.
A.: Wir bitten dich, erhöre uns.
Z.: Mache es allen Kranken (in diesem Hause) leichter, ihre Leiden zu tragen.
A.: Wir bitten dich, erhöre uns.
Z.: Steh all denen bei, die sich in dienender Sorge der Kranken annehmen.
A.: Wir bitten dich, erhöre uns.
Z.: Bewahre diesen Kranken (diese Kranke) vor aller Sünde und Anfechtung.
A.: Wir bitten dich, erhöre uns.
Z.: Schenke ihm (ihr), dem (der) wir in deinem Namen die Hände auflegen, Leben und Heil.
A.: Wir bitten dich, erhöre uns.

Oder:

B

Z.: Laßt uns den Herrn bitten für unseren kranken Bruder (unsere kranke Schwester) und für alle, die ihn (sie) pflegen und die für ihn (sie) sorgen:

Herr, nimm dich gütig dieses (dieser) Kranken an.
A.: Wir bitten dich, erhöre uns.

Z.: Gib seinem (ihrem) Körper neue Kraft.
A.: Wir bitten dich, erhöre uns.
Z.: Laß seine (ihre) Ängste schwinden.
A.: Wir bitten dich, erhöre uns.
Z.: Befreie ihn (sie) von aller Sünde und aller Versuchung.
A.: Wir bitten dich, erhöre uns.
Z.: Eile allen Kranken mit deiner Gnade zu Hilfe.
A.: Wir bitten dich, erhöre uns.
Z.: Halte mit deiner göttlichen Hilfe aufrecht alle, die ihnen beistehen.
A.: Wir bitten dich, erhöre uns.
Z.: Schenke diesem (dieser) Kranken, dem (der) wir in deinem Namen die Hände auflegen, Leben und Heil.
A.: Wir bitten dich, erhöre uns.

185. Dann legt der Priester dem Kranken schweigend die Hände auf.

DANKGEBET ÜBER DAS ÖL

186. Wenn das Öl schon geweiht ist, spricht der Priester das folgende Dankgebet:

Z.: Sei gepriesen, Gott, allmächtiger Vater: Für uns und zu unserem Heil hast du deinen Sohn in diese Welt gesandt.
Wir loben dich.
A.: Wir preisen dich.

Z.: Sei gepriesen, Gott, eingeborener Sohn: Du bist in die Niedrigkeit unseres Menschenlebens gekommen, um unsere Krankheiten zu heilen.
Wir loben dich.
A.: Wir preisen dich.

Z.: Sei gepriesen, Gott, Heiliger Geist, du unser Beistand: Du stärkst uns in den Gebrechlichkeiten unseres Leibes mit nie erlahmender Kraft.
Wir loben dich.
A.: Wir preisen dich.

Z.: Herr, schenke deinem Diener (deiner Dienerin), der (die) mit diesem heiligen Öl in der Kraft des Glaubens gesalbt wird, Linderung seiner (ihrer) Schmerzen und stärke ihn (sie) in seiner (ihrer) Schwäche.
Durch Christus, unseren Herrn.
A.: Amen.

WEIHE DES ÖLES

187. Wenn das Öl noch nicht geweiht ist, nimmt der Priester die Weihe jetzt vor.
Dazu betet er:

Z.: Laßt uns beten:
Gott, du bist der Vater allen Trostes.
Durch deinen Sohn
wolltest du die Gebrechen der Kranken heilen;
erhöre das Gebet, das der Glaube uns eingibt,
und sende deinen Heiligen Geist
auf dieses Salböl herab.
Als Gabe deiner Schöpfung
stärkt und belebt es den Leib.
Durch deinen Segen ✛ werde es für alle,
die damit gesalbt werden,
ein geweihtes Öl,
ein heiliges Zeichen deines Erbarmens,
das Krankheit, Schmerz und Kummer vertreibt,
ein Schutz für Leib, Seele und Geist.
Im Namen unseres Herrn Jesus Christus,
der mit dir lebt und herrscht in alle Ewigkeit.
A.: Amen.

HEILIGE SALBUNG

188. Dann nimmt der Priester das heilige Öl und salbt den Kranken auf der Stirn und auf den Händen.

Er spricht bei der Salbung auf der Stirn:

Z.: Durch diese heilige Salbung
helfe dir der Herr in seinem reichen Erbarmen,
er stehe dir bei mit der Kraft des Heiligen Geistes:
A.: Amen.

Bei der Salbung auf den Händen:

Z.: Der Herr, der dich von Sünden befreit,
rette dich,
in seiner Gnade richte er dich auf.
A.: Amen.

189. Dann spricht er die Oration:

Z.: Laßt uns beten:

A Wir bitten dich, Herr, unser Erlöser:
Durch die Kraft des Heiligen Geistes
hilf diesem (dieser) Kranken
in seiner (ihrer) Schwachheit.
Heile seine (ihre) Wunden
und verzeihe ihm (ihr) die Sünden.
Nimm von ihm (ihr)
alle geistigen und körperlichen Schmerzen.
In deinem Erbarmen richte ihn (sie) auf
und mache ihn (sie) gesund an Leib und Seele,
damit er (sie) sich wiederum
seinen (ihren) Aufgaben widmen kann.
Der du lebst und herrschest in alle Ewigkeit.
A.: Amen.

Oder:

B Herr Jesus Christus,
du hast unsere gebrechliche Natur angenommen,
um die Menschen zu erlösen
und die Kranken zu heilen.

Blicke gnädig auf deinen Diener (deine Dienerin),
der (die) krank darniederliegt
und Heilung erhofft für Leib und Seele.
In deinem Namen haben wir ihn (sie)
mit dem heiligen Öl gesalbt;
tröste ihn (sie) durch deine Gegenwart
und stelle ihn (sie) wieder her
durch deine Macht.
Gib, daß er (sie) alle Anfechtung überwinde
und sich zu neuer Kraft erhebe.
[Du läßt ihn (sie) teilnehmen an deinem Leiden.
Erfülle ihn (sie) mit der Hoffnung,
daß auch aus seinen (ihren) Schmerzen
Heil erwächst.]
Der du lebst und herrschest in alle Ewigkeit.
A.: Amen.

Oder:

Für einen Altersschwachen:

C

Herr, sieh gnädig auf deinen Diener (deine Dienerin),
der (die) unter den Gebrechen des Alters leidet.
Schenke ihm (ihr) durch diese heilige Salbung
Kraft für Seele und Leib.
Stärke ihn (sie) mit der Fülle deines Geistes,
festige ihn (sie) im Glauben
und in der Hoffnung,
damit er (sie) durch Geduld und Gelassenheit
allen ein Beispiel sei
und die Fröhlichkeit seines (ihres) Herzens
deine Liebe erkennen lasse.
Durch Christus, unseren Herrn.
A.: Amen.

Oder:

D Für einen Kranken in großer Gefahr:

Herr, du bist der Erlöser aller Menschen;
in deinem Leiden hast du unsere Schmerzen
auf dich genommen
und unsere Schwachheit getragen.
Wir bitten dich für unseren kranken Bruder
(unsere kranke Schwester) N.
Richte ihn (sie) auf
durch die Hoffnung auf dein Heil
und sei ihm (ihr) Halt
in seiner (ihrer) Krankheit.
Der du lebst und herrschest in alle Ewigkeit.
A.: Amen.

Oder:

E Für einen Kranken, der Salbung und Wegzehrung empfängt:

Gott,
du Vater des Erbarmens
und Tröster der Betrübten,
schau gnädig auf deinen Diener (deine
Dienerin),
der (die) auf dich vertraut.
Seine (ihre) Leiden drücken ihn (sie) nieder;
richte ihn (sie) auf
durch die Gnade der heiligen Salbung
und stärke ihn (sie)
mit dem Leib und Blut deines Sohnes,
damit er (sie) in der Kraft dieser Speise
den Weg geht, den du ihm (ihr) zeigst
als den wahren Weg zum Leben.
Durch Christus, unseren Herrn.
A.: Amen.

Grundform der Krankensalbung

Oder:

Für einen Gläubigen, der im Todeskampf liegt: **F**

Barmherziger Gott,
du kennst alles Gute, das im Menschen ist,
du vergibst die Sünden jederzeit
und verweigerst die Verzeihung keinem,
der dich darum bittet:
Erbarme dich deines Dieners (deiner Dienerin),
der (die) seinen (ihren) letzten Kampf zu bestehen hat.
Gib, daß die heilige Ölung,
die er (sie) empfangen hat,
und das Gebet unseres Glaubens
ihn (sie) aufrichten,
verzeihe ihm (ihr) seine (ihre) Sünden
und schenke ihm (ihr) deine Liebe.
Durch Christus, deinen Sohn,
der den Tod besiegt
und uns das Tor zum ewigen Leben geöffnet hat,
der mit dir lebt und herrscht in alle Ewigkeit.
A.: Amen.

ABSCHLUSS

190. Der Priester leitet das Gebet des Herrn ein mit etwa folgenden Worten:

Z.: Laßt uns alle zusammen zu Gott dem Vater beten, wie unser Herr Jesus Christus uns zu beten gelehrt hat:

Alle sprechen gemeinsam:

A.: Vater unser im Himmel,
Geheiligt werde dein Name.
Dein Reich komme.
Dein Wille geschehe,
wie im Himmel so auf Erden.
Unser tägliches Brot gib uns heute.
Und vergib uns unsere Schuld,
wie auch wir vergeben unsern Schuldigern.
Und führe uns nicht in Versuchung,

sondern erlöse uns von dem Bösen.
Denn dein ist das Reich und die Kraft
und die Herrlichkeit in Ewigkeit. Amen.

Wenn der Kranke kommunizieren möchte, geschieht nach dem Gebet des Herrn alles so wie bei der Spendung der Krankenkommunion (Nr. 161–163).

Die Feier schließt mit dem Segen des Priesters.

A Z.: Es segne dich Gott, der Vater.
A.: Amen.

Z.: Es heile dich Gott, der Sohn.
A.: Amen.

Z.: Es erleuchte dich Gott, der Heilige Geist.
A.: Amen.

Z.: Er behüte deinen Leib und rette deine Seele.
A.: Amen.

Z.: Er erfülle dein Herz mit seinem Licht
und führe dich zum himmlischen Leben.
A.: Amen.

Z.: Es segne dich
(und euch alle, die ihr hier anwesend seid,)
der allmächtige Gott,
der Vater und der Sohn ✚ und der Heilige Geist.
A.: Amen.

Oder:

B Z.: Der Segen des allmächtigen Gottes,
des Vaters und des Sohnes ✚ und des Heiligen Geistes, komme auf euch herab und bleibe allezeit bei euch.
A.: Amen.

DIE WEGZEHRUNG

191. In der Wegzehrung begleitet Jesus Christus den Menschen durch Sterben und Tod hindurch in das ewige Leben. Der Mensch wird auf seinem letzten Weg mit dem Leib und Blut Christi gestärkt. Er erhält damit das Unterpfand der Auferstehung. Denn der Herr hat verheißen: „Wer mein Fleisch ißt und mein Blut trinkt, hat das ewige Leben, und ich werde ihn auferwecken am Letzten Tag" (Joh 6, 54).

Empfänger

192. Die Verpflichtung zum Empfang der Wegzehrung gilt für alle Getauften, die die heilige Kommunion empfangen können, wenn sie in Todesgefahr geraten.

Spender

193. Ordentliche Spender der Wegzehrung sind der Pfarrer und seine Kooperatoren, der Krankenhausseelsorger und der Obere eines Priesterordens oder einer ordensähnlichen Klostergemeinschaft, im Notfall jeder andere Priester oder, wenn kein Priester zur Verfügung steht, ein Diakon oder, als außerordentlicher Spender, ein Kommunionhelfer.

DIE SPENDUNG DER WEGZEHRUNG

194. Der Pfarrer und die übrigen Priester, denen das geistliche Wohl der Kranken anvertraut ist, haben dafür Sorge zu tragen, daß Kranke, die sich in unmittelbarer Todesgefahr befinden, durch die sakramentale Wegzehrung mit dem Leib und Blut Christi gestärkt werden. Der Seelsorger bereite daher rechtzeitig, den Umständen und den betroffenen Personen entsprechend, sowohl den Kranken als auch seine Familie und seine Betreuer auf die Feier der Wegzehrung vor.

195. Bei der Wegzehrung soll der Mensch den Glauben seiner Taufe erneuern, durch die er Kind Gottes und Miterbe des verheißenen ewigen Lebens geworden ist.

Wenn möglich, soll die Wegzehrung im Rahmen einer Meßfeier empfangen werden, so daß der Kranke unter beiden Gestalten kommunizieren kann. Andernfalls wird sie außerhalb der Messe nach dem Ritus und den Normen gespendet, die im folgenden dargestellt sind.

196. Wenn Kranke die Eucharistie unter der Gestalt des Brotes nicht empfangen können, darf sie ihnen unter der Gestalt des Weines gespendet werden.

Dafür gilt:
Wird die Messe nicht beim Kranken gefeiert, soll das Blut des Herrn in einem sorgfältig zugedeckten Kelch nach der Messe im Tabernakel aufbewahrt werden. Zum Kranken darf es nur in einem dicht verschlossenen Gefäß gebracht werden, damit jede Gefahr des Verschüttens ausgeschlossen ist. Für die Spendung des Sakramentes soll jeweils die am besten geeignete unter den Spendeweisen gewählt werden, die für die Austeilung der heiligen Kommunion unter beiden Gestalten vorgesehen sind. Bleibt nach der Kommunion etwas vom kostbaren Blut übrig, soll es vom Spender sumiert werden. Dieser hat auch für die notwendigen Purifizierungen zu sorgen.

197. Alle, die an der Feier teilnehmen, können ebenfalls die heilige Kommunion unter beiden Gestalten empfangen.

198. Der Priester muß aufmerksam darauf achten, ob der Kranke beichten will. In diesem Fall sollte er die Beichte möglichst schon vor der Spendung der Wegzehrung entgegennehmen.

Wenn die sakramentale Beichte jedoch innerhalb der Feier selber abgelegt wird, soll das am Anfang geschehen. Legt der Kranke keine Beichte innerhalb des Ritus ab oder möchten noch andere Anwesende kommunizieren, dann ist es angebracht, ein allgemeines Schuldbekenntnis einzufügen.

ERÖFFNUNG

199. Der Priester tritt zum Kranken in einer Kleidung, wie sie diesem heiligen Dienst entspricht. Er begrüßt den Kranken und alle Anwesenden. Dabei kann die folgende Begrüßungsformel verwendet werden:

A Z.: **Der Friede sei mit diesem Haus und mit allen, die darin wohnen.**

Oder:

Z.: Der Friede des Herrn sei mit euch (dir). **B**

Danach stellt er das Gefäß mit dem Allerheiligsten auf den Tisch und verehrt zusammen mit allen Anwesenden in stiller Anbetung das Sakrament.

200. Wo es tunlich ist, nimmt er nun Weihwasser und besprengt damit den Kranken und das Zimmer. Er kann dabei etwa folgende Worte sprechen:

Z.: Dieses geweihte Wasser erinnere uns an den Empfang der Taufe und an Christus, der uns durch sein Leiden und seine Auferstehung erlöst hat.

201. Danach wendet er sich mit etwa folgenden oder mit anderen der Situation des Kranken mehr entsprechenden Worten an die Anwesenden und lädt sie zum Gebet ein:

Z.: Liebe Brüder und Schwestern, bevor unser Herr Jesus Christus aus dieser Welt zum Vater ging, hat er uns das Sakrament seines Leibes und Blutes hinterlassen. In der Stunde unseres Hinübergehens aus dieser Welt zum Vater sollen wir nach seinem Willen mit seinem Leib und Blut als Wegzehrung gestärkt und mit dem Unterpfand der Auferstehung versehen werden. Laßt uns nun beten für unseren Bruder (unsere Schwester), dem (der) wir in Liebe verbunden sind.

SCHULDBEKENNTNIS

202. Wenn erforderlich, nimmt der Priester nun die sakramentale Beichte des Kranken entgegen, notfalls in allgemeingehaltener Form (vgl. Nr. 105–109).

203. Legt der Kranke zu diesem Zeitpunkt keine sakramentale Beichte ab, oder möchten noch andere Anwesende kommunizieren, dann lädt der Priester den Kranken und die übrigen Umstehenden zum Schuldbekenntnis ein:

A Z.: Brüder und Schwestern, damit wir diese heilige Kommunionfeier in der rechten Gesinnung begehen, prüfen wir uns selbst und bekennen unsere Schuld.

Es folgt eine kurze Stille, danach sprechen alle gemeinsam das Schuldbekenntnis:

A.: Ich bekenne Gott, dem Allmächtigen,
und allen Brüdern und Schwestern,
daß ich Gutes unterlassen
und Böses getan habe
– ich habe gesündigt
in Gedanken, Worten und Werken –

sie schlagen an die Brust und sprechen:

durch meine Schuld, durch meine Schuld,
durch meine große Schuld.

Dann fahren sie fort:

Darum bitte ich die selige Jungfrau Maria,
alle Engel und Heiligen
und euch, Brüder und Schwestern,
für mich zu beten bei Gott, unserem Herrn.

Der Priester beschließt das Gebet:

Z.: Der allmächtige Gott erbarme sich unser.
Er lasse uns die Sünden nach
und führe uns zum ewigen Leben.
A.: Amen.

Oder:

B Z.: Brüder und Schwestern, damit wir diese heilige Feier in rechter Gesinnung begehen, prüfen wir uns selbst und bekennen unsere Schuld.

Es folgt eine kurze Stille. Danach spricht der Priester:

Z.: Erbarme dich, Herr, unser Gott, erbarme dich.
A.: Denn wir haben vor dir gesündigt.

Z.: Erweise, Herr, uns deine Huld.
A.: Und schenke uns dein Heil.

Der Priester beschließt das Gebet:

Z.: Der allmächtige Gott erbarme sich unser.
Er lasse uns die Sünden nach
und führe uns zum ewigen Leben.
A.: Amen.

204. Die Spendung des Bußsakramentes oder das Schuldbekenntnis kann abgeschlossen werden mit dem vollkommenen Ablaß in der Sterbestunde. Es empfiehlt sich, seinen Sinn mit den folgenden oder ähnlichen Worten zu erklären:

Z.: Wir Menschen sind nicht fähig, uns aus den Verstrickungen unserer Schuld und ihrer unheilvollen Folgen zu lösen. Das kann nur Gott allein. Unsere Bitte, Gott möge uns befreien, unterstützt die Kirche mit der ganzen Kraft ihrer Fürbitte.
Im Päpstlichen Segen darf ich Ihnen im Namen der Kirche nun den „vollkommenen Ablaß" über alle Sündenstrafen zusprechen. Vertrauen Sie auf Gott und die Fürbitte seiner Kirche.

Der Priester vermittelt den vollkommenen Ablaß in einer der beiden folgenden Weisen:

Z.: Auf Grund der mir vom Apostolischen Stuhl **A**
verliehenen Vollmacht
gewähre ich dir vollkommenen Ablaß
und Vergebung aller Sünden
im Namen
des Vaters und des Sohnes ✟ und des Heiligen
Geistes.
A.: Amen.

Oder:

Z.: Durch die heiligen Geheimnisse unserer **B**
Erlösung
erlasse dir der allmächtige Gott
alle Strafen
des gegenwärtigen und zukünftigen Lebens,
er öffne dir die Pforten des Paradieses
und führe dich zu der immerwährenden Freude.
A.: Amen.

LESUNG AUS DER HEILIGEN SCHRIFT

205. Es ist sehr sinnvoll, an dieser Stelle eine kurze Lesung aus der Heiligen Schrift einzufügen; einer der Anwesenden oder der Priester selber trägt sie vor. Zum Beispiel:

A Joh 6, 54–58: *Wer mein Fleisch ißt und mein Blut trinkt, hat das ewige Leben*

Jesus spricht:
[54] Wer mein Fleisch ißt und mein Blut trinkt, hat das ewige Leben, und ich werde ihn auferwecken am Letzten Tag. [55] Denn mein Fleisch ist eine wahre Speise, und mein Blut ist ein wahrer Trank. [56] Wer mein Fleisch ißt und mein Blut trinkt, der bleibt in mir, und ich bleibe in ihm. [57] Wie mich der lebendige Vater gesandt hat und wie ich durch den Vater lebe, so wird auch jeder, der mich ißt, durch mich leben. [58] Dies ist das Brot, das vom Himmel herabgekommen ist; es ist anders als das Brot, das eure Väter gegessen haben, die dennoch gestorben sind. Wer dieses Brot ißt, wird leben in Ewigkeit.

B *Oder:*

Jesus spricht:
Bleibt in mir, dann bleibe ich in euch. Wie der Rebzweig aus sich keine Frucht bringen kann, sondern nur, wenn er am Weinstock bleibt, so könnt auch ihr keine Frucht bringen, wenn ihr nicht in mir bleibt. (Joh 15, 4)

Es kann aber auch ein anderer Text ausgewählt werden. Eine kurze Erklärung des Textes kann sich gegebenenfalls anschließen.

BEKENNTNIS DES TAUFGLAUBENS

206. Es empfiehlt sich, daß der Kranke vor dem Empfang der Wegzehrung das Bekenntnis des Glaubens, auf den er getauft ist, erneuert. Der Priester weist ihn mit passenden Worten darauf hin. Dann fragt er ihn:

Z.: Glaubst du an Gott, den Vater,
den Allmächtigen,
den Schöpfer des Himmels und der Erde?
A.: Ich glaube.

Z.: Glaubst du an Jesus Christus, seinen eingeborenen Sohn, unsern Herrn, der geboren ist von der Jungfrau Maria, der gelitten hat und begraben wurde, von den Toten auferstand und zur Rechten des Vaters sitzt?
A.: Ich glaube.

Z.: Glaubst du an den Heiligen Geist, die heilige katholische Kirche, die Gemeinschaft der Heiligen, die Vergebung der Sünden, die Auferstehung der Toten und das ewige Leben?
A.: Ich glaube.

FÜRBITTEN

207. Wenn der Zustand des Kranken es zuläßt, werden folgende oder ähnliche kurze Fürbitten gebetet, bei denen der Kranke selber, so weit er kann, mit den Anwesenden die Antworten gibt:

Z.: Liebe Brüder und Schwestern, laßt uns gemeinsam wie aus einem Herzen den Herrn Jesus Christus anrufen:
Herr, du hast uns geliebt bis ans Ende und dich selbst dem Tod überantwortet, um uns das Leben zu geben. Wir bitten dich für unseren Bruder (unsere Schwester).
Herr, erhöre uns.
A.: Christus, erhöre uns. Herr, erhöre uns.
Z.: Herr, du hast gesagt: Wer mein Fleisch ißt und mein Blut trinkt, hat das ewige Leben. Wir bitten dich für unseren Bruder (unsere Schwester).
Herr, erhöre uns.
A.: Christus, erhöre uns. Herr, erhöre uns.
Z.: Herr, du lädst uns zu jenem Gastmahl, bei dem kein Schmerz und keine Trauer mehr sein

wird, keine Traurigkeit und keine Trennung.
Wir bitten dich für unseren Bruder (unsere Schwester).
Herr, erhöre uns.
A.: Christus, erhöre uns. Herr, erhöre uns.

SPENDUNG DER WEGZEHRUNG

208. Dann leitet der Priester mit folgenden oder ähnlichen Worten das Gebet des Herrn ein:

Z.: Laßt uns alle zusammen zu Gott dem Vater beten, wie unser Herr Jesus Christus uns zu beten gelehrt hat:

Alle sprechen gemeinsam:

A.: Vater unser im Himmel,
Geheiligt werde dein Name.
Dein Reich komme.
Dein Wille geschehe,
wie im Himmel so auf Erden.
Unser tägliches Brot gib uns heute.
Und vergib uns unsere Schuld,
wie auch wir vergeben unsern Schuldigern.
Und führe uns nicht in Versuchung,
sondern erlöse uns von dem Bösen.
Denn dein ist das Reich und die Kraft
und die Herrlichkeit in Ewigkeit. Amen.

209. Danach zeigt der Priester das heilige Sakrament und spricht:

Z.: Seht das Lamm Gottes,
das hinwegnimmt die Sünde der Welt.

Wenn möglich, spricht der Kranke mit allen anderen, die die Kommunion empfangen:

A.: Herr, ich bin nicht würdig,
daß du eingehst unter mein Dach,
aber sprich nur ein Wort,
so wird meine Seele gesund.

Der Priester spricht:

**Z.: Selig,
die zum Hochzeitsmahl des Lammes geladen sind.**

210. Der Priester tritt zum Kranken hin, zeigt ihm das Sakrament und spricht:

Z.: Der Leib Christi (oder: Das Blut Christi).

Der Kranke antwortet:

A.: Amen.

Der Priester fügt unmittelbar oder nachdem er die heilige Kommunion gereicht hat, an:

**Z.: Christus bewahre dich
und führe dich zum ewigen Leben.**

Der Kranke antwortet:

A.: Amen.

Die Anwesenden, die zu kommunizieren wünschen, empfangen das Sakrament in der üblichen Weise.

211. Nach der Kommunion purifiziert der Priester wie üblich. Wenn möglich, verweilen alle Teilnehmer eine Zeitlang in stillem Gebet.

ABSCHLUSS

212. Dann spricht der Priester die Schlußoration:

**Z.: Laßt uns beten:
Gott, dein Sohn ist für uns
der Weg, die Wahrheit und das Leben.
Schaue gnädig her auf deinen Diener N.
(deine Dienerin N.).
Er (Sie) hat sich deinen Verheißungen
anvertraut
und ist gestärkt
durch den Leib und das Blut deines Sohnes.
Laß seine (ihre) Hoffnung
nicht zuschanden werden.
Gib ihm (ihr) die sichere Zuversicht,**

einmal in dein Reich zu gelangen,
wo alles Licht und Leben ist.
Durch Christus, unseren Herrn.
A.: Amen.

213. Der Priester segnet den Kranken (die Kranke) und die Anwesenden.

A Z.: **Es segne euch der allmächtige Gott,
der Vater und der Sohn ✢ und der Heilige Geist.**
A.: Amen.

Oder:

B Z.: **Jesus Christus, der Herr, sei bei dir,
dich zu beschützen.**
(A.: Amen.)

Z.: **Er gehe vor dir her, dich sicher zu geleiten;
er stehe hinter dir, dich zu schirmen.**
(A.: Amen.)

Z.: **Er schaue dich gnädig an, bewahre dich und segne dich.**
(A.: Amen.)

Z.: **Es segne dich
(und euch alle, die ihr hier anwesend seid,)
der allmächtige Gott,
der Vater und der Sohn ✢ und der Heilige Geist.**
A.: Amen.

214. Wenn Hostien übrig sind, kann der Priester den Kranken segnen, indem er mit dem Allerheiligsten über ihn das Zeichen des Kreuzes macht.
Danach können der Priester und die Anwesenden dem Kranken ein Zeichen der brüderlichen Liebe und des Friedens geben.

DER VERSEHGANG

DIE SPENDUNG DER SAKRAMENTE DER BUSSE, DER KRANKENSALBUNG UND DER WEGZEHRUNG ALS ZUSAMMENGEFASSTER RITUS UND DIE SPENDUNG DER KRANKENSALBUNG OHNE WEGZEHRUNG BEI UNMITTELBARER TODESGEFAHR

215. Die Beichte hat ihren Platz am Anfang der Feier. Der Seelsorger möge den Kranken auf Sinn und Bedeutung des Bußsakramentes in dieser Situation aufmerksam machen. Besteht kein Grund für eine Beichte, so wird ein allgemeines Schuldbekenntnis eingefügt. Ist ein mündliches Sündenbekenntnis unmöglich, dann soll der Priester mit dem Todkranken ein allgemeines Sündenbekenntnis sprechen und Reue erwecken und ihm die sakramentale Lossprechung erteilen.
Die Spendung des Bußsakramentes oder das Schuldbekenntnis kann abgeschlossen werden mit dem vollkommenen Ablaß in der Sterbestunde.

216. Wenn die drohende Gefahr noch Zeit dazu läßt, salbe man zunächst den Kranken mit einer einmaligen Salbung und reiche ihm danach die Wegzehrung. Bei unmittelbarer Todesgefahr wird ihm sogleich die Wegzehrung gereicht, so daß er durch den Leib Christi gestärkt und mit dem Unterpfand der Auferstehung versehen ist, wenn er aus diesem Leben scheidet; denn die Gläubigen sind verpflichtet, in Todesgefahr die heilige Kommunion zu empfangen.

217. Wenn es notwendig ist, die Firmung und die Krankensalbung in einer einzigen Feier zu spenden, soll die Firmung unmittelbar der Weihe des Krankenöls vorausgehen. In diesem Fall unterbleibt die zum Ritus der Krankensalbung gehörende Handauflegung.

ERÖFFNUNG

218. Der Priester tritt zum Kranken in einer Kleidung, wie sie diesem heiligen Dienst entspricht. Er begrüßt den Kranken und alle Anwesenden. Dabei kann die folgende Begrüßungsformel verwendet werden:

Z.: Der Friede sei mit diesem Haus und mit allen, die darin wohnen. A

Oder:

B Z.: Der Friede des Herrn sei mit euch (dir).

Danach stellt er das Gefäß mit dem Allerheiligsten auf den Tisch und verehrt zusammen mit allen Anwesenden in stiller Anbetung das Sakrament.

Wo es tunlich ist, nimmt er nun Weihwasser und besprengt damit den Kranken und das Zimmer. Dabei kann er etwa folgende Worte sprechen:

Z.: Dieses geweihte Wasser erinnere uns an den Empfang der Taufe und an Christus, der uns durch sein Leiden und seine Auferstehung erlöst hat.

219. Wenn es notwendig ist, bereite er den Kranken in einem brüderlichen Gespräch auf den Empfang der Sakramente vor. Dazu liest er, wo es tunlich ist, einen kurzen Text aus dem Evangelium, um den Kranken zur Buße und Gottesliebe einzuladen. Er kann auch die folgende oder eine der Situation des Kranken besser entsprechende Gebetseinladung an die Anwesenden richten:

Z.: Liebe Brüder und Schwestern, der Herr Jesus Christus ist immer bei uns und belebt uns ständig neu mit der Gnade seiner Sakramente. Durch den Dienst der Priester spricht er die Bußfertigen los, stärkt die Kranken mit einer heiligen Salbung und erhält jene, die seine Ankunft erwarten, durch die sakramentale Wegzehrung in der Hoffnung auf das ewige Leben. Laßt uns nun unserem Bruder (unserer Schwester) durch unser Gebet in Liebe beistehen, wenn wir ihm (ihr) auf seine (ihre) Bitte hin diese drei Sakramente spenden.

[220.] Wenn einem Kranken in unmittelbarer Todesgefahr wegen besonderer Umstände nur die Krankensalbung ohne die Wegzehrung gespendet werden muß, wird die Gebetseinladung in folgender Weise der Situation angepaßt:

Z.: Liebe Brüder und Schwestern, der Herr Jesus Christus hat uns durch den Apostel Jakobus aufgetragen:

„Ist einer von euch krank? Dann rufe er die Ältesten der Gemeinde zu sich: Sie sollen über ihn beten und ihn im Namen des Herrn mit Öl salben. Das Gebet aus dem Glauben wird den Kranken retten, und der Herr wird ihn aufrichten; wenn er Sünden begangen hat, werden sie ihm vergeben."

Darum komme ich heute als Priester der Kirche zu diesem (dieser) Kranken, um über ihn (sie) zu beten und ihn (sie) zu salben. Wir empfehlen unseren kranken Bruder (unsere kranke Schwester) der Gnade und der Kraft Christi, damit er (sie) Erleichterung und Heil finde.

BUSSE

221. Wenn erforderlich, nimmt der Priester nun die sakramentale Beichte des Kranken entgegen, notfalls in allgemeingehaltener Form.

222. Legt der Kranke zu diesem Zeitpunkt keine sakramentale Beichte ab oder möchten auch noch andere Anwesende kommunizieren, dann lädt der Priester den Kranken und die übrigen Umstehenden zum Schuldbekenntnis ein:

Z.: Brüder und Schwestern, damit wir diese heilige Feier in der rechten Gesinnung begehen, prüfen wir uns selbst und bekennen unsere Schuld.

Es folgt eine kurze Stille, danach sprechen alle gemeinsam das Schuldbekenntnis:

A.: Ich bekenne Gott, dem Allmächtigen,
und allen Brüdern und Schwestern,
daß ich Gutes unterlassen
und Böses getan habe
– ich habe gesündigt
in Gedanken, Worten und Werken –

sie schlagen an die Brust und sprechen:

durch meine Schuld, durch meine Schuld,
durch meine große Schuld.

Dann fahren sie fort:

**Darum bitte ich die selige Jungfrau Maria,
alle Engel und Heiligen
und euch, Brüder und Schwestern,
für mich zu beten bei Gott, unserem Herrn.**

Der Priester beschließt das Gebet:

**Z.: Der allmächtige Gott erbarme sich unser.
Er lasse uns die Sünden nach
und führe uns zum ewigen Leben.
A.: Amen.**

223. Die Spendung des Bußsakramentes oder das Schuldbekenntnis kann abgeschlossen werden mit dem vollkommenen Ablaß in der Sterbestunde. Es empfiehlt sich, seinen Sinn mit den folgenden oder ähnlichen Worten zu erklären:

**Z.: Wir Menschen sind nicht fähig, uns aus den Verstrickungen unserer Schuld und ihrer unheilvollen Folgen zu lösen. Das kann nur Gott allein. Unsere Bitte, Gott möge uns befreien, unterstützt die Kirche mit der ganzen Kraft ihrer Fürbitte.
Im Päpstlichen Segen darf ich Ihnen im Namen der Kirche nun den „vollkommenen Ablaß" über alle Sündenstrafen zusprechen. Vertrauen Sie auf Gott und die Fürbitte seiner Kirche.**

Der Priester vermittelt den vollkommenen Ablaß in einer der beiden folgenden Weisen:

**A Z.: Auf Grund der mir vom Apostolischen Stuhl
verliehenen Vollmacht
gewähre ich dir vollkommenen Ablaß
und Vergebung aller Sünden
im Namen
des Vaters und des Sohnes ✝ und des Heiligen Geistes.
A.: Amen.**

Oder:

Z.: Durch die heiligen Geheimnisse unserer **B**
Erlösung erlasse dir der allmächtige Gott
alle Strafen
des gegenwärtigen und zukünftigen Lebens,
er öffne dir die Pforten des Paradieses
und führe dich zu der immerwährenden Freude.
A.: Amen.

BEKENNTNIS DES TAUFGLAUBENS

224. Es empfiehlt sich, daß der Kranke, wenn sein Zustand es zuläßt, vor dem Empfang der Wegzehrung das Bekenntnis des Glaubens, auf den er getauft ist, erneuert. Der Priester weist ihn mit passenden Worten darauf hin. Dann fragt er ihn:

Z.: Glaubst du an Gott, den Vater,
den Allmächtigen,
den Schöpfer des Himmels und der Erde?
A.: Ich glaube.

Z.: Glaubst du an Jesus Christus, seinen eingeborenen Sohn, unsern Herrn, der geboren ist von der Jungfrau Maria, der gelitten hat und begraben wurde, von den Toten auferstand und zur Rechten des Vaters sitzt?
A.: Ich glaube.

Z.: Glaubst du an den Heiligen Geist, die heilige katholische Kirche, die Gemeinschaft der Heiligen, die Vergebung der Sünden, die Auferstehung der Toten und das ewige Leben?
A.: Ich glaube.

FÜRBITTEN

225. Es können kurze Fürbitten eingefügt werden, bei denen der Kranke nach Möglichkeit zusammen mit den Anwesenden die Antwort gibt.

Die folgenden Texte sind Vorschläge. Sie können entsprechend dem Zustand und dem Verständnis des Kranken und der Anwesenden abgeändert oder ausgetauscht werden.

Z.: Geliebte, laßt uns Gott, den Vater, bitten für unseren Bruder (unsere Schwester) N., der (die) in dieser Stunde durch die Sakramente gestärkt werden soll.

Herr, wir bitten dich, blicke auf ihn (sie)
und erkenne in ihm (ihr)
das Angesicht deines leidenden Sohnes.
A.: Wir bitten dich, erhöre uns.
Z.: Herr, wir bitten dich,
stärke und bewahre ihn (sie) in deiner Liebe.
A.: Wir bitten dich, erhöre uns.
Z.: Herr, wir bitten dich,
schenke ihm (ihr) deine Kraft und deinen Frieden.
A.: Wir bitten dich, erhöre uns.

226. Wenn das Sakrament der Firmung gespendet werden soll, geschieht das jetzt gemäß Nr. 84–85. Die Handauflegung in Nr. 227 entfällt dann. Der Priester weiht danach, wenn nötig, das Öl und vollzieht die Salbung in der unten beschriebenen Weise (Nr. 228 bis 230).

KRANKENSALBUNG

227. Der Priester legt schweigend die Hände auf das Haupt des Kranken.

228. Wenn das Öl bereits geweiht ist, kann ein Dankgebet darüber gesprochen werden.

Z.: Sei gepriesen, Gott, allmächtiger Vater: Für uns und zu unserem Heil hast du deinen Sohn in die Welt gesandt.
Wir loben dich.
A.: Wir preisen dich.

Z.: Sei gepriesen, Gott, eingeborener Sohn: Du bist in die Niedrigkeit unseres Menschenlebens gekommen, um unsere Krankheiten zu heilen.
Wir loben dich.
A.: Wir preisen dich.

Z.: Sei gepriesen, Gott, Heiliger Geist, du unser Beistand: Du stärkst uns in den Gebrechlichkeiten unseres Leibes mit nie erlahmender Kraft. Wir loben dich.
A.: Wir preisen dich.

Z.: Herr, schenke deinem Diener (deiner Dienerin), der (die) mit diesem heiligen Öl in der Kraft des Glaubens gesalbt wird, Linderung seiner (ihrer) Schmerzen und stärke ihn (sie) in seiner (ihrer) Schwäche.
Durch Christus, unseren Herrn.
A.: Amen.

229. Wenn gemäß Nr. 174 die Weihe des Öles an dieser Stelle vorzunehmen ist, vollzieht sie der Priester jetzt.

Z.: Segne, Herr, dieses Öl, das für die Krankensalbung bestimmt ist, und segne auch den Kranken, der durch diese heilige Salbung Stärkung und Linderung erfahren soll.

230. Dann nimmt der Priester das heilige Öl und salbt den Kranken auf der Stirn und auf den Händen. Er spricht bei der Salbung auf der Stirn:

Z.: Durch diese heilige Salbung
helfe dir der Herr in seinem reichen Erbarmen,
er stehe dir bei
mit der Kraft des Heiligen Geistes.
A.: Amen.

Bei der Salbung auf den Händen:

Z.: Der Herr, der dich von Sünden befreit,
rette dich, in seiner Gnade richte er dich auf.
A.: Amen.

[231.] Bei der Spendung der Krankensalbung ohne die Wegzehrung in unmittelbarer Todesgefahr betet der Priester nun:

Barmherziger Gott,
du kennst alles Gute, das im Menschen ist,
du vergibst die Sünden jederzeit

und verweigerst die Verzeihung keinem,
der dich darum bittet:
Erbarme dich deines Dieners (deiner Dienerin),
der (die) seinen (ihren) letzten Kampf zu bestehen hat.
Gib, daß die heilige Ölung,
die er (sie) empfangen hat,
und das Gebet unseres Glaubens ihn (sie) aufrichten,
verzeihe ihm (ihr) seine (ihre) Sünden
und schenke ihm (ihr) deine Liebe.
Durch Christus, deinen Sohn,
der den Tod besiegt
und uns das Tor zum ewigen Leben geöffnet hat,
der mit dir lebt und herrscht in alle Ewigkeit.
A.: Amen.

232. Dann leitet der Priester mit folgenden oder ähnlichen Worten das Gebet des Herrn ein:

Z.: Laßt uns alle zusammen zu Gott, dem Vater, beten, wie unser Herr Jesus Christus uns zu beten gelehrt hat:

Alle sprechen gemeinsam:

A.: Vater unser im Himmel,
Geheiligt werde dein Name.
Dein Reich komme.
Dein Wille geschehe,
wie im Himmel so auf Erden.
Unser tägliches Brot gib uns heute.
Und vergib uns unsere Schuld,
wie auch wir vergeben unsern Schuldigern.
Und führe uns nicht in Versuchung,
sondern erlöse uns von dem Bösen.
Denn dein ist das Reich und die Kraft
und die Herrlichkeit in Ewigkeit. Amen.

[233.] Bei der Spendung der Krankensalbung ohne die Wegzehrung in unmittelbarer Todesgefahr beschließt der Priester die Feier mit dem Segen.

WEGZEHRUNG

234. Dann zeigt der Priester das heilige Sakrament und spricht:

**Z.: Seht das Lamm Gottes,
das hinwegnimmt die Sünde der Welt.**

Wenn möglich, spricht der Kranke mit allen anderen, die die Kommunion empfangen möchten:

**A.: Herr, ich bin nicht würdig,
daß du eingehst unter mein Dach,
aber sprich nur ein Wort,
so wird meine Seele gesund.**

Der Priester spricht:

**Z.: Selig,
die zum Hochzeitsmahl des Lammes geladen sind.**

235. Der Priester tritt zum Kranken hin, zeigt ihm das Sakrament und spricht:

Z.: Der Leib Christi (oder: **Das Blut Christi**).

Der Kranke antwortet:

A.: Amen.

Der Priester fügt unmittelbar oder nachdem er die heilige Kommunion gereicht hat, an:

**Z.: Christus bewahre dich
und führe dich zum ewigen Leben.**

Der Kranke antwortet:

A.: Amen.

Die Anwesenden, die zu kommunizieren wünschen, empfangen das Sakrament in der gewohnten Weise.

236. Nach der Kommunion purifiziert der Priester wie üblich. Wenn möglich verweilen alle Teilnehmer eine Zeitlang in stillem Gebet.

ABSCHLUSS

237. Dann spricht der Priester die Schlußoration:

Z.: Laßt uns beten:
Gott, dein Sohn ist für uns
der Weg, die Wahrheit und das Leben.
Schaue gnädig her auf deinen Diener N.
(deine Dienerin N.)
Er (sie) hat sich deinen Verheißungen anvertraut
und ist gestärkt
durch den Leib und das Blut deines Sohnes.
Laß seine (ihre) Hoffnung nicht zuschanden werden.
Gib ihm (ihr) die sichere Zuversicht,
einmal in dein Reich zu gelangen,
wo alles Licht und Leben ist.
Durch Christus, unseren Herrn.
A.: Amen.

238. Der Priester segnet den Kranken und die Anwesenden:

Z.: Es segne euch der allmächtige Gott,
der Vater und der Sohn ✝ und der Heilige Geist.
A.: Amen.

239. Danach können der Priester und die Anwesenden dem Kranken ein Zeichen der brüderlichen Liebe und des Friedens geben.

BEDINGTE SPENDUNG
DER KRANKENSALBUNG

240. Wenn der Priester Zweifel hat, ob der Kranke noch lebt, kann die Salbung in der folgenden Weise vollzogen werden:

Er tritt zum Kranken hin und spricht zunächst, wenn die Zeit dazu ausreicht:

Z.: Laßt uns in vertrauensvollem Gebet aus der Kraft unseres Glaubens den Herrn für unseren Bruder (unsere Schwester) N. bitten, daß er sich ihm (ihr) barmherzig zuwende und ihn (sie) durch die heilige Krankensalbung stärke.
A.: Herr, erhöre unser Gebet.

241. Dann spendet er ihm die Krankensalbung. Die Spendeformel wird in der folgenden Weise der Situation angepaßt:

Z.: Wenn du noch lebst, empfange nun das Sakrament der Kranken.

Durch diese heilige Salbung
helfe dir der Herr in seinem reichen Erbarmen,
er stehe dir bei
mit der Kraft des Heiligen Geistes.
A.: Amen.

Z.: Der Herr, der dich von Sünden befreit,
rette dich, in seiner Gnade richte er dich auf.
A.: Amen.

242. Wenn es angebracht erscheint, kann er die folgende Oration anfügen:

Z.: Barmherziger Gott,
du kennst alles Gute, das im Menschen ist,
du vergibst die Sünden jederzeit
und verweigerst die Verzeihung keinem,
der dich darum bittet:
Erbarme dich deines Dieners (deiner Dienerin),

der (die) seinen (ihren) letzten Kampf
zu bestehen hat.
Gib, daß die heilige Ölung,
die er (sie) empfangen hat,
und das Gebet unseres Glaubens ihn (sie) aufrichten,
verzeihe ihm (ihr) seine (ihre) Sünden
und schenke ihm (ihr) deine Liebe.
Durch Christus, deinen Sohn,
der den Tod besiegt
und uns das Tor zum ewigen Leben geöffnet hat,
der mit dir lebt und herrscht in alle Ewigkeit.
A.: Amen.

STERBEGEBETE

243. Die Liebe zum Nächsten drängt die Christen, die Verbundenheit mit dem sterbenden Bruder dadurch auszudrücken, daß sie mit ihm und für ihn Gottes Erbarmen und gläubiges Vertrauen auf Christus erbitten.

244. Die Gebete, Litaneien, Stoßgebete, Psalmen und Schriftlesungen, die in diesem Kapitel für den Beistand in der Stunde des Sterbens zusammengestellt sind, zielen vor allem darauf ab, daß der Sterbende, solange er noch bei Bewußtsein ist, die dem Menschen von Natur eigene Angst vor dem Tod im Glauben bewältigt. Es soll ihm geholfen werden, diese Angst in der Nachfolge des leidenden und sterbenden Christus anzunehmen und in der Hoffnung auf das himmlische Leben und die Auferstehung in der Kraft dessen zu überwinden, der unseren Tod durch sein Sterben vernichtet hat.

Die Gläubigen aber, die dem Sterbenden beistehen, auch wenn er schon nicht mehr bei Bewußtsein ist, sollen aus diesen Gebeten Trost schöpfen, indem sie den österlichen Sinn des christlichen Sterbens erkennen. Es ist oft hilfreich, diesen Sinn auch durch ein sichtbares Zeichen auszudrücken, etwa indem man dem Sterbenden das Kreuz auf die Stirn zeichnet, wie es zum erstenmal vor seiner Taufe geschehen ist.

245. Die Gebete und Lesungen können aus den folgenden Texten frei ausgewählt, andere nach Bedarf hinzugefügt werden. Sie sollen immer dem geistigen und körperlichen Zustand des Sterbenden, den jeweiligen Umständen und der Verfassung der anderen Personen angepaßt sein. Sie mögen langsam vorgetragen werden, mit verhaltener Stimme und mit Pausen der Stille. Häufig wird es angebracht sein, das eine oder andere der angegebenen Stoßgebete mit dem Sterbenden zu sprechen. Manchmal empfiehlt es sich, die Stoßgebete zwei- oder dreimal langsam zu wiederholen.

246. Sobald der Tod eingetreten ist, knien alle Anwesenden nieder (wenn die Umstände es gestatten), und einer der Anwesenden oder der Priester (Diakon) spricht das unten unter Nr. 253 angegebene Gebet.

247. Priester und Diakon sollen danach streben, soweit es ihnen möglich ist, zusammen mit den Angehörigen

dem Sterbenden beizustehen und selber die vorgesehenen Sterbegebete zu sprechen. Ihre Anwesenheit macht deutlicher, daß der Christ in der Gemeinschaft der Kirche stirbt. Wenn sie aber wegen anderer wichtiger pastoraler Aufgaben nicht anwesend sein können, sollen sie nicht versäumen, die Gläubigen zu belehren, daß sie den Sterbenden beistehen und mit ihnen beten. Dazu können die hier zusammengestellten oder auch andere Gebete dienen. Es muß dafür gesorgt werden, daß die Gläubigen Texte solcher Gebete und Lesungen zur Hand haben.

248. KURZGEBETE

Was kann uns scheiden von der Liebe Christi? (Röm 8, 35)

Ob wir leben oder ob wir sterben,
wir gehören dem Herrn. (Röm 14, 8)

Wir haben ein ewiges Haus im Himmel. (2 Kor 5, 1)

Wir werden immer beim Herrn sein. (1 Thess 4, 17)

Wir werden Gott sehen, wie er ist. (1 Joh 3, 2)

Wir sind aus dem Tod in das Leben hinübergegangen, weil wir die Brüder lieben (1 Joh 3, 14)

Zu dir, Herr, erhebe ich meine Seele. (Ps 25, 1)

Der Herr ist mein Licht und mein Heil. (Ps 27, 1)

Ich bin gewiß, zu schauen die Güte des Herrn im Lande der Lebenden. (Ps 27, 13)

Meine Seele dürstet nach dem lebendigen Gott. (Ps 42, 3)

Muß ich auch wandern in finsterer Schlucht,
ich fürchte kein Unheil;
denn du bist bei mir. (Ps 23, 4)

So spricht der Herr:
Kommt her, die ihr von meinem Vater gesegnet

seid, nehmt das Reich in Besitz, das für euch geschaffen worden ist. (Mt 25, 34)

Amen, ich sage dir: Heute noch wirst du mit mir im Paradiese sein. (Lk 23, 43)

Im Haus meines Vaters sind viele Wohnungen. (Joh 14, 2)

Ich gehe hin, um euch einen Platz zu bereiten, und ich werde euch zu mir holen. (Joh 14, 2–3)

Ich will, daß alle dort bei mir sind, wo ich bin. (Joh 17, 24)

Alle, die an den Sohn glauben, haben das ewige Leben. (Joh 6, 40)

Herr, in deine Hände
leg' ich voll Vertrauen meinen Geist. (Ps 30, 6a)

Herr Jesus, nimm meinen Geist auf. (Apg 7, 59)

Heilige Maria, bitte für mich.

Heiliger Josef, bitte für mich.

Jesus, Maria, Josef, steht mir bei im letzten Kampfe.

249. BIBLISCHE LESUNGEN

2 Kor 5, 1.6–10: *Wir haben ein ewiges Haus im Himmel*

Lesung aus dem zweiten Brief an die Korinther.

[1] Wir wissen: Wenn unser irdisches Zelt abgebrochen wird, dann haben wir eine Wohnung von Gott, ein nicht von Menschenhand errichtetes ewiges Haus im Himmel. [6] Wir sind also immer zuversichtlich, auch wenn wir wissen, daß wir fern vom Herrn in der Fremde leben, solange wir in diesem Leib zu Hause sind; [7] denn als Glaubende gehen wir unseren Weg, nicht als Schauende. [8] Weil wir aber zuversichtlich sind, ziehen wir es vor, aus dem Leib auszuwandern

und daheim beim Herrn zu sein. ⁹Deswegen suchen wir unsere Ehre darin, ihm zu gefallen, ob wir daheim oder in der Fremde sind. ¹⁰Denn wir alle müssen vor dem Richterstuhl Christi offenbar werden, damit jeder seinen Lohn empfängt für das Gute oder Böse, das er im irdischen Leben getan hat.

Oder:

Joh 14, 1–3: *Im Haus meines Vaters gibt es viele Wohnungen*

Lesung aus dem heiligen Evangelium nach Johannes.

¹ Euer Herz lasse sich nicht verwirren. Glaubt an Gott, und glaubt an mich! ²Im Haus meines Vaters gibt es viele Wohnungen. Wenn es nicht so wäre, hätte ich euch dann gesagt: Ich gehe, um einen Platz für euch vorzubereiten? ³Wenn ich gegangen bin und einen Platz für euch vorbereitet habe, komme ich wieder und werde euch zu mir holen, damit auch ihr dort seid, wo ich bin.

Wenn eine Heilige Schrift zur Verfügung steht, kann auch eine der folgenden Lesungen genommen werden:

Aus dem Alten Testament:
Jes 35,3–4.6c–7.10: Habt Mut, fürchtet euch nicht
Ijob 19,23–27a: Ich weiß: Mein Erlöser lebt

Aus dem Neuen Testament:
1 Kor 15,1–4: Durch das Evangelium werdet ihr gerettet
1 Joh 4,16: Gott ist die Liebe
Offb 21,1–5a.6–7: Ich sah einen neuen Himmel und eine neue Erde

Evangelien:
Mt 25,1–13: Ihr wißt weder den Tag noch die Stunde
Mk 15,33–37: Tod Jesu
Mk 16,1–8: Auferstehung Jesu
Lk 22,39–46: Gebet Jesu am Ölberg
Lk 23,42–43: Heute noch wirst du mit mir im Paradies sein
Lk 24,1–8: Auferstehung Jesu
Joh 6,37–40: Es ist der Wille des Vaters, daß alle, die

den Sohn sehen und an ihn glauben, das ewige Leben haben

Joh 14,1–6.23.27: Im Haus meines Vaters gibt es viele Wohnungen

250. Es können auch Psalmen oder einzelne Psalmverse genommen werden, z. B.

Ps 22, 2–6.10–12.23–26.29–32: *Mein Gott, mein Gott, warum hast du mich verlassen*

²Mein Gott, mein Gott, warum hast du mich verlassen,
bist fern meinem Schreien, den Worten meiner Klage?
³Mein Gott, ich rufe bei Tag, doch du gibst keine Antwort;
ich rufe bei Nacht und finde doch keine Ruhe.
⁴Aber du bist heilig,
du thronst über dem Lobpreis Israels.
⁵Dir haben unsre Väter vertraut,
sie haben vertraut, und du hast sie gerettet.
⁶Zu dir riefen sie und wurden befreit,
dir vertrauten sie und wurden nicht zuschanden.
¹⁰Du bist es, der mich aus dem Schoß meiner Mutter zog,
mich barg an der Brust der Mutter.
¹¹Von Geburt an bin ich geworfen auf dich,
vom Mutterleib an bist du mein Gott.
¹²Sei mir nicht fern, denn die Not ist nahe,
und niemand ist da, der hilft.
²³Ich will deinen Namen meinen Brüdern verkünden,
inmitten der Gemeinde dich preisen.
²⁴Die ihr den Herrn fürchtet, preist ihn,
ihr alle vom Stamm Jakobs, rühmt ihn;
erschauert alle vor ihm, ihr Nachkommen Israels!
²⁵Denn er hat nicht verachtet,
nicht verabscheut das Elend des Armen.
Er verbirgt sein Gesicht nicht vor ihm;
er hat auf sein Schreien gehört.
²⁶Deine Treue preise ich in großer Gemeinde;

ich erfülle meine Gelübde vor denen, die Gott fürchten.
²⁹Denn der Herr regiert als König;
er herrscht über die Völker.
³⁰Vor ihm allein sollen niederfallen die Mächtigen der Erde,
vor ihm sich alle niederwerfen, die in der Erde ruhen.
Meine Seele, sie lebt für ihn;
³¹mein Stamm wird ihm dienen.
Vom Herrn wird man dem künftigen Geschlecht erzählen,
³²seine Heilstat verkündet man dem kommenden Volk; denn er hat das Werk getan.

Oder:

Ps 23, 1–6: *Der Herr ist mein Hirte*

¹Der Herr ist mein Hirte,
nichts wird mir fehlen.
²Er läßt mich lagern auf grünen Auen
und führt mich zum Ruheplatz am Wasser.
³Er stillt mein Verlangen;
er leitet mich auf rechten Pfaden, treu seinem Namen.
⁴Muß ich auch wandern in finsterer Schlucht,
ich fürchte kein Unheil;
denn du bist bei mir,
dein Stock und dein Stab geben mir Zuversicht.
⁵Du deckst mir den Tisch
vor den Augen meiner Feinde.
Du salbst mein Haupt mit Öl,
du füllst mir reichlich den Becher.
⁶Lauter Güte und Huld werden mir folgen mein Leben lang,
und im Haus des Herrn darf ich wohnen für lange Zeit.

Oder:

Ps 42, 2.3.12: *Meine Seele dürstet nach Gott*

²Wie der Hirsch lechzt nach frischem Wasser,
so lechzt meine Seele, Gott, nach dir.
³Meine Seele dürstet nach Gott,
nach dem lebendigen Gott.
Wann darf ich kommen
und Gottes Antlitz schauen?
¹²Meine Seele, warum bist du betrübt
und bist so unruhig in mir?
Harre auf Gott; denn ich werde ihm noch danken,
meinem Gott und Retter, auf den ich schaue.

Oder:

Ps 63, 2–9: *Gott, du mein Gott, dich suche ich*

²Gott, du mein Gott, dich suche ich,
meine Seele dürstet nach dir.
Nach dir schmachtet mein Leib
wie dürres, lechzendes Land ohne Wasser.
³Darum halte ich Ausschau nach dir im Heiligtum,
um deine Macht und Herrlichkeit zu sehen.
⁴Denn deine Huld ist besser als das Leben;
darum preisen dich meine Lippen.
⁵Ich will dich rühmen mein Leben lang,
in deinem Namen die Hände erheben.
⁶Wie an Fett und Mark wird satt meine Seele,
mit jubelnden Lippen soll mein Mund dich preisen.
⁷Ich denke an dich auf nächtlichem Lager
und sinne über dich nach, wenn ich wache.
⁸Ja, du wurdest meine Hilfe;
jubeln kann ich im Schatten deiner Flügel.
⁹Meine Seele hängt an dir,
deine rechte Hand hält mich fest.

Oder:

Ps 146, 1b–10: *Lobe den Herrn, meine Seele*

¹ᵇ Lobe den Herrn, meine Seele!
² Ich will den Herrn loben, solange ich lebe,
meinem Gott singen und spielen, solange ich da bin.
³ Verlaßt euch nicht auf Fürsten,
auf Menschen, bei denen es doch keine Hilfe gibt.
⁴ Haucht der Mensch sein Leben aus
und kehrt er zurück zur Erde,
dann ist es aus mit all seinen Plänen.
⁵ Wohl dem, dessen Halt der Gott Jakobs ist
und der seine Hoffnung
auf den Herrn, seinen Gott, setzt.
⁶ Der Herr hat Himmel und Erde gemacht,
das Meer und alle Geschöpfe;
er hält ewig die Treue.
⁷ Recht verschafft er den Unterdrückten,
den Hungernden gibt er Brot;
der Herr befreit die Gefangenen.
⁸ Der Herr öffnet den Blinden die Augen,
er richtet die Gebeugten auf.
⁹ Der Herr beschützt die Fremden
und verhilft den Waisen und Witwen zu ihrem Recht.
Der Herr liebt die Gerechten,
doch die Schritte der Frevler leitet er in die Irre.
¹⁰ Der Herr ist König auf ewig,
dein Gott, Zion, herrscht von Geschlecht zu Geschlecht.
Halleluja!

Oder es wird ein Kirchenlied vorgebetet, z.B.
GL 291 Wer unterm Schutz des Höchsten steht
GL 293 Auf dich allein ich baue
GL 294 (KGB 782) Was Gott tut, das ist wohlgetan
GL 295 (KGB 788) Wer nur den lieben Gott läßt walten

251. Wenn der Zustand des Sterbenden längeres Beten zuläßt, wird empfohlen, daß die Anwesenden unter Berücksichtigung der jeweiligen Umstände in der Weise für ihn beten, daß sie die Allerheiligenlitanei (GL 762) mit der Antwort „bitte für ihn (sie)" sprechen, wobei die Patrone des Sterbenden oder der Familie besondere Erwähnung finden sollen. Dabei können weniger geeignete Anrufungen ausgelassen werden. Man kann dazu aber auch andere bekannte Gebete verwenden.

GEBETE

252. Wenn der Augenblick des Verscheidens unmittelbar bevorzustehen scheint, kann einer der Anwesenden je nach der religiösen Einstellung des Sterbenden eines der folgenden Gebete sprechen.

Mache dich auf den Weg,   **A**
Bruder (Schwester) in Christus,
im Namen Gottes, des allmächtigen Vaters,
der dich erschaffen hat;
im Namen Jesu Christi,
des Sohnes des lebendigen Gottes,
der für dich gelitten hat;
im Namen des Heiligen Geistes,
der über dich ausgegossen worden ist.
Heute noch sei dir im Frieden deine Stätte bereitet,
deine Wohnung bei Gott im heiligen Zion,
mit der seligen Jungfrau
und Gottesmutter Maria,
mit dem heiligen Josef
und mit allen Engeln und Heiligen Gottes.

Oder:

Lieber Bruder (Liebe Schwester),   **B**
ich empfehle dich dem allmächtigen Gott.
Ihm vertraue ich dich an,
dessen Geschöpf du bist.
Kehre heim zu deinem Schöpfer,
der dich aus dem Staub der Erde gebildet hat.
Wenn du aus diesem Leben scheidest,
eile Maria dir entgegen

mit allen Engeln und Heiligen.
Christus befreie dich,
der für dich gekreuzigt wurde;
er befreie dich, der für dich den Tod erlitten hat;
Christus, der Sohn des lebendigen Gottes,
gebe dir Wohnrecht in seinem Paradies.
Der wahre und gute Hirt erkenne dich an
als sein Eigen.
Er spreche dich los von allen deinen Sünden
und rechne dich zu seinen Erwählten.
Deinen Erlöser sollst du sehen
von Angesicht zu Angesicht,
Gott schauen in alle Ewigkeit.
A.: Amen.

Oder:

C Nimm auf, Herr, deinen Diener (deine Dienerin)
an den Ort des Heiles, das er (sie) von deinem
Erbarmen erhoffen darf.
A.: Amen.

Befreie, Herr, deinen Diener (deine Dienerin)
aus aller Drangsal.
A.: Amen.

Befreie, Herr, deinen Diener (deine Dienerin),
wie du Noach von der Flut befreit hast.
A.: Amen.

Befreie, Herr, deinen Diener (deine Dienerin),
wie du Abraham aus Ur in Chaldäa befreit hast.
A.: Amen.

Befreie, Herr, deinen Diener (deine Dienerin),
wie du Ijob von seinen Leiden befreit hast.
A.: Amen.

Befreie, Herr, deinen Diener (deine Dienerin),
wie du Mose aus der Hand des Pharao befreit
hast.
A.: Amen.

Sterbegebete

Befreie, Herr, deinen Diener (deine Dienerin),
wie du Daniel aus der Löwengrube befreit hast.
A.: Amen.

Befreie, Herr, deinen Diener (deine Dienerin),
wie du die drei Jünglinge aus dem Feuerofen
und aus der Hand des Königs befreit hast.
A.: Amen.

[Befreie, Herr, deinen Diener (deine Dienerin),
wie du Susanna von der falschen Anklage befreit hast.
A.: Amen.

Befreie, Herr, deinen Diener (deine Dienerin),
wie du David aus der Hand des Königs Saul
und aus der Hand Goliats befreit hast.
A.: Amen.]

Befreie, Herr, deinen Diener (deine Dienerin),
wie du Petrus und Paulus
aus dem Gefängnis befreit hast.
A.: Amen.

Befreie, Herr, deinen Diener (deine Dienerin)
durch Jesus, unseren Erlöser,
der für uns den bitteren Tod auf sich genommen
und uns das ewige Leben geschenkt hat.
A.: Amen.

Wir empfehlen dir, Herr, deinen Diener
(deine Dienerin) N. und bitten dich,
Herr Jesus Christus, Heiland der Welt:
Nimm unseren Bruder (unsere Schwester)
gnädig in die Freude deines Reiches auf;
auch um seinetwillen (ihretwillen) bist du in
deinem Erbarmen auf die Erde herabgekommen.
Mag er (sie) auch gesündigt haben,
so hat er (sie) doch den Vater, den Sohn und den
Heiligen Geist nicht verleugnet;
er (sie) hat geglaubt
und Gott, den Schöpfer von allem, gläubig verehrt.

Es kann auch die folgende Antiphon gesprochen oder gesungen werden:

D Sei gegrüßt, o Königin, Mutter der Barmherzigkeit, unser Leben, unsere Wonne und unsere Hoffnung, sei gegrüßt.
Zu dir rufen wir verbannte Kinder Evas,
zu dir seufzen wir,
trauernd und weinend in diesem Tal der Tränen.
Wohlan denn, unsere Fürsprecherin,
wende deine barmherzigen Augen uns zu
und zeige uns nach diesem Elende Jesus,
die gebenedeite Frucht deines Leibes,
o gütige, o milde, o süße Jungfrau Maria.

GEBET UNMITTELBAR NACH DEM VERSCHEIDEN

253.

Kommt herzu, ihr Heiligen Gottes,
eilt ihm (ihr) entgegen, ihr Engel des Herrn.

A.: Nehmt auf seine (ihre) Seele
und führt sie hin
vor das Antlitz des Allerhöchsten.

Christus nehme dich auf, der dich berufen hat, und in das Himmelreich sollen Engel dich geleiten.

A.: Nehmt auf seine (ihre) Seele
und führt sie hin
vor das Antlitz des Allerhöchsten.

Herr, gib ihm (ihr) die ewige Ruhe,
und das ewige Licht leuchte ihm (ihr).

A.: Nehmt auf seine (ihre) Seele
und führt sie hin
vor das Antlitz des Allerhöchsten.

Laßt uns beten:
A Herr, unser Gott, wir empfehlen dir unseren Bruder (unsere Schwester) N. In den Augen der

Sterbegebete

Welt ist er (sie) tot. Laß ihn (sie) leben bei dir. Und was er (sie) aus menschlicher Schwäche gefehlt hat, das tilge du in deinem Erbarmen. Durch Christus, unseren Herrn.
A.: Amen.

Oder:

Für einen Verkündiger des Evangeliums **B**

Gott, unser Vater, durch deinen Sohn hast du Glück ohne Ende denen versprochen, die dein Reich suchen. Im Vertrauen auf sein Wort bitten wir dich für deinen Diener (deine Dienerin) **N.**, der sein (die ihr) Leben in den Dienst der Verkündigung gestellt hat: Nimm ihn (sie) auf in die Freude seines (ihres) Herrn, in das Reich des Friedens und der Liebe, das er (sie) auf Erden vorbereitet hat und das du uns allen schenken willst. Durch Christus, unseren Herrn.
A.: Amen.

Oder:

Für einen verstorbenen Vater **C**

Gott, von dem alle Vaterschaft ihren Namen hat, erbarme dich deines heimgegangenen Dieners **N.**, der für die Seinen als treuer Vater gesorgt hat. Nimm ihn auf in deinen Frieden und schenke ihm die Erfüllung aller Liebe und Treue. (Du, Herr, siehst das Leid der Witwen und die Not der Waisen. Wir bitten dich:) Nimm alle, die er auf Erden zurückgelassen hat, in deinen gütigen Schutz, damit sie bei dir geborgen sind. Durch Christus, unseren Herrn.
A.: Amen.

Oder:

Für eine verstorbene Mutter **D**

Herr Jesus Christus, Sohn Gottes, als Mensch geboren aus der Mutter Maria, erbarme dich deiner Dienerin **N.**, die du aus der Mitte ihrer Familie weggerufen hast. Vergilt ihr alle Liebe,

die sie geschenkt hat, und laß sie ihren Angehörigen nahe bleiben durch ihre Fürbitte bei dir. Nimm alle, die sie zurückgelassen hat, in deinen Schutz. Der du lebst und herrschest in Ewigkeit.
A.: Amen.

Oder:

E Für einen verstorbenen Jugendlichen

Gott, wir wissen, du bist der Herr des Lebens; du kannst es geben, du kannst es nehmen. Wir sind erschüttert durch den Tod von **N.**, der (die) unserer Liebe so früh entrissen wurde. Hilf uns Trost finden in der Hoffnung und schenke ihm (ihr) die Fülle des Lebens, für die er (sie) geschaffen ist. Durch Christus, unseren Herrn.
A.: Amen.

Oder:

F Für einen plötzlich Verstorbenen

Herr und Gott,
laß dein Angesicht leuchten
über unserem Bruder (unserer Schwester) **N.**
und zeige an ihm (ihr),
der (die) uns so plötzlich entrissen wurde,
die unendliche Macht deiner Liebe.
Nimm ihn (sie) auf in dein Reich
und in die ewige Gemeinschaft mit dir.
Durch Christus, unseren Herrn.
A.: Amen.

Oder:

G Für einen nach langem Leiden Verstorbenen

Gott, unser Vater, der Tod hat unsern Bruder (unsere Schwester) **N.** vom Leiden erlöst. Voll Vertrauen wenden wir uns zu dir: Du hast deinen Sohn nach seinem Sterben machtvoll vom Tode erweckt. So schenke auch unserm Bruder (unserer Schwester) nach seinem (ihrem) schmerzvollen Leiden die Freude bei dir

und hilf uns allen, auf dem Weg des Kreuzes zur Auferstehung zu gelangen. Durch Christus, unseren Herrn.
A.: Amen.

Oder:

In besonderen Situationen (I) H

Gütiger Vater aller Menschen, wir bitten dich für deinen Diener (deine Dienerin) N., dessen (deren) Leben durch Dunkelheit geführt hat. Befreie ihn (sie) von allem Leid und führe ihn (sie) zu Glück und Freude in deinem Reich. Vergib uns, was wir durch Unverständnis an ihm (ihr) gesündigt haben, und hilf uns verstehen, was du uns durch dieses Menschenleben sagen wolltest. Erhalte uns den Glauben, der die Welt überwindet, und führe den Tag herauf, der alles Stückwerk vollendet. Durch Christus, unseren Herrn.
A.: Amen.

Oder:

In besonderen Situationen (II) I

Allmächtiger Gott, du allein kennst den Menschen; du hast ihn erschaffen, und was in ihm verborgen ist, liegt offen vor dir. Wenn das Herz uns anklagt, so bist du noch größer als unser Herz! Wir bitten dich für unsern Bruder (unsere Schwester) N. Sei ihm (ihr) ein gnädiger Richter und verzeih, was er (sie) in seinem (ihrem) Leben gefehlt hat. (Öffne uns die Augen und laß uns erkennen, was wir an dem Toten – an der Toten – versäumt haben.) Erhöre in deiner Güte unser Gebet und führe uns durch alles menschliche Versagen hindurch zu dir, dem Ziel unseres Lebens. So bitten wir durch Christus, unseren Herrn.
A.: Amen.

DIE KIRCHLICHE BEGRÄBNISFEIER

TOTENWACHE

254. Je nach den örtlichen Gewohnheiten soll an den Tagen zwischen dem Tod und dem Begräbnis im Trauerhaus oder in der Kirche die Totenwache gehalten werden. Sie wird in der Regel von einem Laien geleitet. Die Totenwache kann als Wortgottesdienst oder als Rosenkranzandacht gestaltet werden.

WORTGOTTESDIENST

255. Wird die Totenwache als Wortgottesdienst gestaltet, kann man wie beim Gebet im Trauerhaus (Nr. 263) beginnen.

SCHRIFTLESUNG

256. Anschließend folgen eine oder mehrere Schriftlesungen. Dabei können die in Nr. 249 angegebenen Texte oder andere passende Lesungen verwendet werden, die zu einem tieferen Verständnis des christlichen Sterbens führen, z. B. die Passionsberichte.

GESANG

257. Zwischen den Lesungen können passende Gesänge eingefügt werden, z. B. Benedictus (GL 89, KGB 931), Magnificat (GL 689 mit Kv 177), Nunc dimittis (GL 90), viele Psalmen aus GL oder KGB (vgl. auch in diesem Buch Nr. 250, 264, 279).

Am Beginn und zum Abschluß der Feier können auch Gesänge aus GL 652–664 („Tod und Vollendung") oder GL 174–194 („Passion") oder KGB 933, 937–939 („Christus, die Auferstehung der Toten") verwendet werden.

FÜRBITTEN

258.

Z.: Lasset uns beten für unsern verstorbenen Bruder (unsere verstorbene Schwester) N.

Vater im Himmel, nimm ihn (sie) auf in deinen Frieden.
A.: Wir bitten dich, erhöre uns.

Z.: Laß alles Gute seines (ihres) Lebens Frucht bringen.
A.: Wir bitten dich, erhöre uns.

Z.: Vergib ihm (ihr), was er (sie) in seinem (ihrem) Leben gefehlt hat.
A.: Wir bitten dich, erhöre uns.

Z.: Tröste die Angehörigen des (der) Verstorbenen.
A.: Wir bitten dich, erhöre uns.

Z.: Nimm alle Menschen, die heute sterben, in dein Reich auf.
A.: Wir bitten dich, erhöre uns.

Z.: Laßt uns beten, wie der Herr uns zu beten gelehrt hat:

A.: Vater unser im Himmel,
Geheiligt werde dein Name.
Dein Reich komme.
Dein Wille geschehe,
wie im Himmel so auf Erden.
Unser tägliches Brot gib uns heute.
Und vergib uns unsere Schuld,
wie auch wir vergeben unsern Schuldigern.
Und führe uns nicht in Versuchung,
sondern erlöse uns von dem Bösen.
Denn dein ist das Reich und die Kraft
und die Herrlichkeit in Ewigkeit. Amen.

Z.: Ewiger Gott, du hast uns durch den Tod und die Auferstehung deines Sohnes, unseres Herrn

Jesus Christus, getröstet und gestärkt. Wende uns in Güte dein Antlitz zu und bleibe bei uns, bis wir mit verklärtem Leib zum unvergänglichen Leben auferstehen. Durch Christus, unseren Herrn.
A.: Amen.

Oder ein anderes geeignetes Schlußgebet (vgl. Nr. 253).

ROSENKRANZANDACHT

259. Wenn der Rosenkranz gebetet wird, so kann man ihn auf folgende Weise gestalten:
Den einzelnen Geheimnissen kann eine passende Lesung aus der Heiligen Schrift (z.B. aus den Passionsberichten) oder eine kurze Meditation vorausgehen.

Es empfiehlt sich, nach dem Schmerzhaften Rosenkranz wenigstens das erste Geheimnis des Glorreichen Rosenkranzes zu beten. Um die Fünfzahl der Gesätze zu erhalten, können in diesem Fall das zweite und dritte des Schmerzhaften Rosenkranzes zusammengefaßt werden: „der für uns gegeißelt und mit Dornen gekrönt worden ist".
Passende Liedstrophen können den einzelnen Teilen des Rosenkranzes angefügt werden. Geeignete Lieder finden sich in GL 652–664.

Den Abschluß der Feier können Fürbitten (Nr. 258) oder die Litanei für die Verstorbenen (Nr. 260) und ein geeignetes Schlußgebet (Nr. 253) bilden.

LITANEI FÜR DIE VERSTORBENEN

260. **V.: Lasset uns beten für unseren verstorbenen Bruder N. (unsere verstorbene Schwester N., für unsere Verstorbenen).**
Heilige Maria   **A.: Bitte für ihn (sie).**
Du Mutter der Barmherzigkeit
Heiliger Michael
Heiliger Johannes der Täufer
Heiliger Josef
Heilige(r) [Namenspatron des Verstorbenen]
Alle Heiligen Gottes   **A.: Bittet für ihn (sie).**

Sei ihm (ihr, ihnen) gnädig
> A.: Verschone ihn (sie), o Herr.

Sei ihm (ihr, ihnen) gnädig
> A.: Erhöre ihn (sie), o Herr.

Von den Leiden seiner (ihrer) Läuterung
> A.: Erlöse ihn (sie), o Herr.

Von aller Schuld und Strafe
Durch den Reichtum deiner Liebe
Durch die gnadenreiche Geburt deines Sohnes
Durch seine Taufe und sein heiliges Fasten
Durch seine Angst und Not am Ölberg
Durch seine grausame Geißelung
Durch seine schmachvolle Krönung
Durch seinen schmerzlichen Kreuzweg
Durch seine heiligen Wunden
Durch seinen bitteren Tod
Durch seine glorreiche Auferstehung und Himmelfahrt
Durch die Sendung des Heiligen Geistes

Wir armen Sünder
> A.: Wir bitten dich, erhöre uns.

Schenke allen Toten deinen Frieden
Führe sie zur Anschauung deiner Herrlichkeit
Rufe sie zum Gastmahl des ewigen Lebens
Erbarme dich jener, an die niemand denkt
Erlöse alle, an deren Sünden wir mitschuldig sind
Laß unsere verstorbenen Eltern, Verwandten und Freunde bei dir die ewige Heimat finden
Führe unsere verstorbenen Seelsorger und Wohltäter in dein ewiges Licht
Nimm die Verstorbenen unserer Gemeinde auf in dein himmlisches Reich
Gib den Opfern der Unfälle, Katastrophen und Kriege das ewige Heil
Laß sie alle auferstehen zur Herrlichkeit

Lamm Gottes, du nimmst hinweg die Sünde der Welt   A.: Erbarme dich unser.
Lamm Gottes, du nimmst hinweg die Sünde der Welt   A.: Erbarme dich unser.
Lamm Gottes, du nimmst hinweg die Sünde der Welt   A.: Gib uns deinen Frieden.

Lasset uns beten:
Himmlischer Vater, wir empfehlen alle Verstorbenen deiner Barmherzigkeit. Schenke ihnen Nachlaß aller Schuld und Strafe. Vollende, was du in ihnen begonnen hast, und führe sie in das Reich des Lichtes und des Friedens. Durch Christus, unseren Herrn.
A.: Amen.

GEBET IM TRAUERHAUS

261. Wo es Brauch ist, wird vor der Überführung des Toten zur Aufbahrung eine Verabschiedung (Aussegnung) gehalten. Sie läßt sich etwa in folgender Weise gestalten:

BEGRÜSSUNG

262. Wo es üblich ist, wird der Sarg mit Weihwasser besprengt.

263. Der Zelebrant eröffnet die Feier mit dem Kreuzzeichen (A) oder mit einer Grußformel (B) oder mit einem Schriftwort oder mit eigenen Worten. Diese Elemente können auch miteinander verbunden werden.

A Z.: Im Namen des Vaters und des Sohnes und des Heiligen Geistes. Amen.

Oder:

B Z.: Der Vater des Erbarmens und der Gott allen Trostes sei mit euch.
A.: Und mit deinem Geiste.

PSALM 121

264. Z.: Wir beten im Vertrauen auf Gottes Hilfe und Schutz.

(Singweise: GL 752.)

Kehrvers
Vertraut auf den Herrn, er ist Helfer und Schild.

¹Ich hebe meine Augen auf zu den Bergen:
Woher kommt mir Hilfe?
²Meine Hilfe kommt vom Herrn,
der Himmel und Erde gemacht hat.
³Er läßt deinen Fuß nicht wanken;
der dich behütet, schläft nicht.

Gebet im Trauerhaus

⁴Nein, der Hüter Israels
schläft und schlummert nicht.
⁵Der Herr ist dein Hüter, der Herr gibt dir Schatten,
er steht dir zur Seite:
⁶Bei Tag wird dir die Sonne nicht schaden,
der Mond nicht in der Nacht.
⁷Der Herr behüte dich vor allem Bösen,
er behüte dein Leben.
⁸Der Herr behüte dich,
wenn du fortgehst und wiederkommst,
von nun an bis in Ewigkeit.
⁹Ehre sei dem Vater und dem Sohn
und dem Heiligen Geist.
¹⁰Wie im Anfang, so auch jetzt und alle Zeit und in Ewigkeit. Amen.

Kehrvers

265. Das Gebet im Trauerhaus schließt mit den Kyrie-Rufen, dem Gebet des Herrn und dem Schlußgebet.

KYRIE-RUFE

266. Z.: Herr Jesus, du hast am Kreuz dein Blut vergossen, um unsere Sünden hinwegzunehmen.
Herr, erbarme dich (unser).
A.: Herr, erbarme dich (unser).

Z.: Christus, du bist aus dem Grab erstanden, um uns dem Tod zu entreißen.
Christus, erbarme dich (unser).
A.: Christus, erbarme dich (unser).

Z.: Herr Jesus, du bist in die Herrlichkeit eingegangen, um uns den Zugang zum Leben zu erschließen.
Herr, erbarme dich (unser).
A.: Herr, erbarme dich (unser).

DAS GEBET DES HERRN

267. **A.:** Vater unser im Himmel,
Geheiligt werde dein Name.
Dein Reich komme.
Dein Wille geschehe,
wie im Himmel so auf Erden.
Unser tägliches Brot gib uns heute.
Und vergib uns unsere Schuld,
wie auch wir vergeben unsern Schuldigern.
Und führe uns nicht in Versuchung,
sondern erlöse uns von dem Bösen.
Denn dein ist das Reich und die Kraft
und die Herrlichkeit in Ewigkeit. Amen.

SCHLUSSGEBET

268. **Z.:** Gott, unser Vater, wir empfehlen dir unsern Bruder (unsere Schwester) N. Für ihn (sie) ist die Zeit der Pilgerschaft zu Ende. Befreie ihn (sie) von allem Bösen, daß er (sie) heimkehre in deinen ewigen Frieden. Öffne ihm (ihr) das Paradies, wo es keine Trauer mehr gibt, keine Klage und keinen Schmerz, sondern Friede und Freude mit deinem Sohn und dem Heiligen Geist in Ewigkeit.
A.: Amen.

Oder ein anderes geeignetes Gebet.

269. Falls ein Priester die Aussegnung vornimmt, kann er zum Schluß ein Segensgebet sprechen.

Z.: Herr, gib ihm (ihr) und allen Verstorbenen die ewige Ruhe.
A.: Und das ewige Licht leuchte ihnen.
Z.: Laß sie ruhen in Frieden.
A.: Amen.

BEGRÄBNIS
MIT ZWEI STATIONEN

Aus der Vielfalt der Möglichkeiten ist hier die Form mit zwei Stationen abgedruckt:

Erste Station in der Friedhofskapelle oder Trauerhalle.
Zweite Station am Grab.

ERSTE STATION

In der Friedhofskapelle

1. Lied 504

ERÖFFNUNG

270. Die Eröffnung kann mit Gesang und Musik eingeleitet werden.

BEGRÜSSUNG

271. Wo es üblich ist, besprengt der Zelebrant den Sarg mit Weihwasser.

272. Der Zelebrant eröffnet die Feier mit dem Kreuzzeichen oder mit einer Grußformel (A) oder mit Schriftwort (B) oder mit eigenen Worten (C). Diese Elemente können auch miteinander verbunden werden.

Z.: Der Vater des Erbarmens und der Gott allen Trostes sei mit euch. **A**
A.: Und mit deinem Geiste.

Oder:

Z.: So spricht der Herr: Kommt alle zu mir, die ihr euch plagt und schwere Lasten zu tragen habt. Ich werde euch Ruhe verschaffen (Mt 11, 28). **B**

Oder etwa:

C Z.: Wir sind zusammengekommen, um Abschied zu nehmen von unserem Bruder (unserer Schwester) N. Dieser Tod erfüllt die Angehörigen und viele von uns mit Schmerz. Wir alle möchten zum Ausdruck bringen, daß wir an ihrer Trauer mittragen. Als Christen leben wir aus dem Glauben, daß der Tod nicht Ende, sondern Beginn eines neuen Lebens ist. Aus diesem Glauben schöpfen wir Trost und Zuversicht.

273. Der Zelebrant beschließt die Eröffnung mit einem Gebet, dem Kyrie-Rufe vorausgehen können.

KYRIE-RUFE

Z.: Herr Jesus Christus! Du hast uns den Weg zum Vater gezeigt.
Herr, erbarme dich.
A.: Herr, erbarme dich.
Z.: Du hast durch deinen Tod der Welt das Leben geschenkt.
Christus, erbarme dich.
A.: Christus, erbarme dich.
Z.: Du hast uns im Hause deines Vaters eine Wohnung bereitet.
Herr, erbarme dich.
A.: Herr, erbarme dich.

274. GEBET

A Z.: Herr über Leben und Tod, du hast unsern Bruder (unsere Schwester) N. (aus unserer Gemeinde) zu dir gerufen. Komm ihm (ihr) voll Liebe entgegen und nimm alle Schuld von ihm (ihr). Gib ihm (ihr) den Frieden, den die Welt nicht geben kann. In der Gemeinschaft der Heiligen schenke ihm (ihr) Auferstehung und Leben. Durch Christus, unseren Herrn.
A.: Amen.

Oder:

Z.: Allmächtiger Gott, hilflos stehen wir dem Sterben unserer Lieben gegenüber; es fällt uns schwer, deine Pläne zu begreifen und zu bejahen. Der Tod ist unabänderlich. Du aber hast uns deinen Sohn gesandt und ihn für uns alle dahingegeben. Darum können uns weder Trübsal noch Bedrängnis, ja nicht einmal der Tod von deiner Liebe trennen. Erhalte in uns diesen Glauben und führe unsern Bruder (unsere Schwester) zum neuen Leben. Durch Christus, unseren Herrn. **B**

A.: Amen.

WORTGOTTESDIENST

275. Der Wortgottesdienst kann wie in der Eucharistiefeier oder in folgender Weise gehalten werden:

276. **SCHRIFTLESUNG** *Evang. Joh. - 11,17 ff*

1 Thess 4, 13–14.17b–18: *Dann werden wir immer beim Herrn sein* **A**

Lesung aus dem ersten Brief an die Thessalonicher.

[13] **Brüder, wir wollen euch über die Verstorbenen nicht in Unkenntnis lassen, damit ihr nicht trauert wie die anderen, die keine Hoffnung haben.** [14] **Wenn Jesus – und das ist unser Glaube – gestorben und auferstanden ist, dann wird Gott durch Jesus auch die Verstorbenen zusammen mit ihm zur Herrlichkeit führen.** [17b] **Dann werden wir immer beim Herrn sein.** [18] **Tröstet also einander mit diesen Worten!**

Oder:

B Joh 14, 1–6: *Im Haus meines Vaters gibt es viele Wohnungen*

Aus dem heiligen Evangelium nach Johannes.

Jesus sagte zu seinen Jüngern: ¹ **Euer Herz lasse sich nicht verwirren! Glaubt an Gott, und glaubt an mich!** ² **Im Haus meines Vaters gibt es viele Wohnungen. Wenn es nicht so wäre, hätte ich euch dann gesagt: Ich gehe, um einen Platz für euch vorzubereiten?** ³ **Wenn ich gegangen bin und einen Platz für euch vorbereitet habe, komme ich wieder und werde euch zu mir holen, damit auch ihr dort seid, wo ich bin.** ⁴ **Und wohin ich gehe – den Weg dorthin kennt ihr.** ⁵ **Thomas sagte zu ihm: Herr, wir wissen nicht, wohin du gehst. Wie sollen wir dann den Weg kennen?** ⁶ **Jesus sagte zu ihm: Ich bin der Weg und die Wahrheit und das Leben; niemand kommt zum Vater außer durch mich.**

Oder eine andere passende Schriftlesung

HOMILIE

277. Die Homilie kann das Leben des Verstorbenen miteinbeziehen; sie soll aber keine Lobrede sein.
Statt der Homilie kann ein Meditationstext gelesen werden.

STILLES GEDENKEN

278. Der Zelebrant fordert am Ende der Homilie etwa mit folgenden Worten zu einem stillen Gedenken auf:

Z.: Laßt uns in Stille des Verstorbenen (der Verstorbenen) gedenken, der (die) unter uns gelebt und den (die) Gott zu sich gerufen hat.

– Stille –

GESANG

279. Auf die Stille folgt ein Psalm oder ein geeignetes Lied.

PSALM 103 (AUSWAHL)

Z.: Mitten in unserm Leid richten wir unseren Blick auf Gott, unsere einzige Hoffnung.

Kehrvers

Psalmodie

1. Barmherzig und gnädig ist der Herr,*
langmütig und reich an Güte.
2. Denn so hoch der Himmel über der Erde,*
so hoch ist seine Huld über denen, die ihn fürchten.
3. So weit der Aufgang vom Untergang,*
so weit entfernt er von uns die Schuld.
4. Wie ein Vater sich seiner Kinder erbarmt,*
so erbarmt sich der Herr über alle, die ihn fürchten.
5. Denn er weiß, was wir für ein Gebilde sind,*
er denkt daran, wir sind ja nur Staub.
6. Des Menschen Tage sind wie Gras,*
er blüht wie die Blume des Feldes.
7. Fährt der Wind darüber, ist sie dahin,*
der Ort, wo sie stand, weiß von ihr nichts mehr.
8. Doch die Huld des Herrn währt immer und ewig *
über denen, die ihn fürchten.

9. Ehre sei dem Vater und dem Sohn *
und dem Heiligen Geist.
10. Wie im Anfang, so auch jetzt und alle Zeit *
und in Ewigkeit. Amen.

Kehrvers

280. Das Gebet kann mit Anrufungen eingeleitet werden:

ANRUFUNGEN

Z.: Zu unserm Herrn Jesus Christus beten wir voll Vertrauen für unsern Bruder (unsere Schwester) N.:
Erlöse ihn (sie), o Herr!
                      A.: Erlöse ihn (sie), o Herr!
Von aller Schuld
                      A.: Erlöse ihn (sie), o Herr!
Durch deine Menschwerdung
                      A.: Erlöse ihn (sie), o Herr!
Durch dein Kreuz und Leiden
                      A.: Erlöse ihn (sie), o Herr!
Durch deinen Tod und deine Auferstehung
                      A.: Erlöse ihn (sie), o Herr!
Durch deine Wiederkunft in Herrlichkeit
                      A.: Erlöse ihn (sie), o Herr!

GEBET

281. Z.: Gütiger Vater, in deine Hände empfehlen wir deinen Diener (deine Dienerin) N. und hoffen zuversichtlich, daß er (sie) bei Christus ist. Wir danken dir für alles Gute, mit dem du ihn (sie) in seinem (ihrem) irdischen Leben beschenkt hast, und für das Gute, das wir durch ihn (sie) erfahren durften. (Hier können persönliche Zusätze beigefügt werden.) Wir bitten dich, nimm ihn (sie) auf und gib ihm (ihr) Wohnung und Heimat bei dir. Uns aber, die zurückbleiben, gib die Kraft, einander zu trö-

sten mit der Botschaft des Glaubens, bis wir alle vereint sind bei dir. Durch Christus, unseren Herrn.
A.: Amen.

Oder eines der Gebete Nr. 253

282. Bei der Prozession zum Grab richte man sich nach dem ortsüblichen Brauch. In der Regel geht der Kreuzträger an der Spitze des Zuges, der Zelebrant vor dem Sarg.

Während der Prozession kann man Psalmen, Antiphonen oder Lieder singen oder den Rosenkranz beten. Sie kann auch mit Instrumentalmusik begleitet werden. Erfolgt die Prozession in Stille, soll der Vorsteher am Beginn die Teilnehmer auffordern, für den Verstorbenen zu beten.

283. GESANG

Zum Paradies mögen Engel dich geleiten, die heiligen Märtyrer dich begrüßen und dich führen in die heilige Stadt Jerusalem. Die Chöre der Engel mögen dich empfangen, und durch Christus, der für dich gestorben, soll ewiges Leben dich erfreuen.

ZWEITE STATION

Am Grab

BEISETZUNG

284. Wenn die Trauergemeinde am Grab versammelt ist, leitet der Zelebrant die Beisetzung mit einem Gebet oder einem persönlichen Wort ein.

A GEBET

Z.: Herr Jesus Christus, du hast drei Tage im Grab gelegen und durch deine Auferstehung das Grab für uns zum Zeichen der Hoffnung gemacht. Wir legen den Leib deines Dieners (deiner Dienerin) N. in dieses Grab und bitten dich: Da er (sie) den Weg des Glaubens zu Ende gegangen ist, laß ihn (sie) nun dein Angesicht schauen.
A.: Amen.

Oder:

B PERSÖNLICHES WORT

Z.: Wir nehmen Abschied von unserm Bruder (unserer Schwester). Wir tun es im Glauben an die Auferstehung und bitten: Christus nehme ihn (sie) auf. Er hat ihn (sie) erlöst, er stehe für ihn (sie) ein beim Vater. Christus leuchte ihm (ihr) als ewiges Licht. Die Liebe aber, die uns mit ihm (ihr) verbindet, möge fortdauern in der Gemeinschaft der Heiligen.

EINSENKEN DES SARGES

285. Der Zeitpunkt für das Einsenken des Sarges kann nach den örtlichen Verhältnissen verschieden sein.
Der Priester spricht eines der folgenden Schriftworte. Sie können auch gesungen werden.

Begräbnis: Zweite Station   A

(Z.: Christus spricht:) *2. Lied*

Z. (K.): Ich bin die Auf-er-ste-hung und das Le-ben; wer an mich glaubt, wird le-ben, auch wenn er stirbt, und je-der, der lebt und an mich glaubt, wird in E-wig-keit nicht ster-ben.

(Joh 11, 25)

Oder:

Z.: So spricht der Herr, der dich erschaffen: **B** Fürchte dich nicht, denn ich erlöse dich; ich rufe dich bei deinem Namen: Mein bist du (vgl. Jes 43, 1).

286. **Z.:** Wir übergeben den Leib der Erde. Christus, der von den Toten auferstanden ist, wird auch unsern Bruder (unsere Schwester) **N.** zum Leben erwecken.

287. Der Sarg wird ins Grab gesenkt.

288. Hier kann man den Wortgottesdienst mit Schriftlesung, Homilie und stillem Gedenken einfügen, falls dieser nicht in der Friedhofskapelle gehalten werden konnte.

289. Der Zelebrant sprengt *Weihwasser* auf den Sarg.

Z.: Im Wasser und im Heiligen Geist wurdest du getauft. Der Herr vollende an dir, was er in der Taufe begonnen hat.

290. (Beim *Inzensieren* kann er sprechen:

Z.: Dein Leib war Gottes Tempel. Der Herr schenke dir ewige Freude.)

291. Der Zelebrant wirft *Erde* auf den Sarg:

Z.: Von der Erde bist du genommen, und zur Erde kehrst du zurück. Der Herr aber wird dich auferwecken.

292. Der Zelebrant bezeichnet das Grab mit dem Kreuz in einer der folgenden Formen.

A Er steckt das *Kreuz* in die Erde:

**Z.: Das Zeichen unserer Hoffnung, das Kreuz unseres Herrn Jesus Christus, sei aufgerichtet über deinem Grab.
Der Friede sei mit dir.**

Oder:

B Er macht das *Kreuzzeichen* über das Grab:

**Z.: Im Kreuz unseres Herrn Jesus Christus ist Auferstehung und Heil.
Der Friede sei mit dir.**

GESANG

293. Wenn möglich, folgt ein Auferstehungs- oder Credo-Lied (z.B. GL 213, 489), das Magnificat, Benedictus oder Nunc dimittis (GL 689 mit Kv 194, 89, 90). Man kann auch das Glaubensbekenntnis sprechen.

GEBET FÜR VERSTORBENE UND LEBENDE

FÜRBITTEN *Eigener Zettel*

294. **Z.: Laßt uns das Erbarmen unseres Herrn Jesus Christus anrufen für alle Verstorbenen.
Christus, Erlöser der Welt!
Reinige sie von Schuld und Sünde.
A.: Wir bitten dich, erhöre uns.
Vollende sie in deinem Leben.
A.: Wir bitten dich, erhöre uns.**

Wir beten auch für jene, die um diesen Verstorbenen (diese Verstorbene, ihren verstorbenen Vater ...) trauern.
Tröste sie in ihrem Schmerz.
A.: Wir bitten dich, erhöre uns.
Festige ihren Glauben und stärke ihre Hoffnung.
A.: Wir bitten dich, erhöre uns.
Wir beten für uns selber und alle Lebenden, besonders für den aus unserer Mitte, der als erster dem Verstorbenen vor das Angesicht Gottes folgen wird.
Schenke uns Reue und Umkehr.
A.: Wir bitten dich, erhöre uns.
Stärke und erhalte uns in deinem Dienst.
A.: Wir bitten dich, erhöre uns.

DAS GEBET DES HERRN

295. Z.: Lasset uns beten, wie der Herr uns zu beten gelehrt hat:
A.: Vater unser im Himmel,
Geheiligt werde dein Name.
Dein Reich komme.
Dein Wille geschehe,
wie im Himmel so auf Erden.
Unser tägliches Brot gib uns heute.
Und vergib uns unsere Schuld,
wie auch wir vergeben unsern Schuldigern.
Und führe uns nicht in Versuchung,
sondern erlöse uns von dem Bösen.
Denn dein ist das Reich und die Kraft
und die Herrlichkeit in Ewigkeit. Amen.

SCHLUSSGEBET

296. Z.: Gütiger Gott, dein Sohn hat sich im A Leiden erniedrigt und dadurch die gefallene Welt wieder aufgerichtet; er hat den Tod überwunden und uns den Zugang zum Leben geöffnet. Schenke uns mit unserm Bruder (unserer

Schwester) **N.** und allen Verstorbenen die Freude, dich zu lieben und zu loben ohne Ende. **Durch Christus, unseren Herrn.**

A.: Amen.

Oder:

B Z.: Herr, unser Gott, du bist allen nahe, die zu dir rufen. Auch wir rufen zu dir aus Not und Leid. Laß uns nicht versinken in Mutlosigkeit und Verzweiflung, sondern tröste uns durch deine Gegenwart. Gib uns die Kraft deiner Liebe, die stärker ist als der Tod. Mit unsern Verstorbenen führe auch uns zum neuen und ewigen Leben. **Durch Christus, unseren Herrn.**

A.: Amen.

297. Der Zelebrant kann zum Abschluß die Anwesenden einladen, die Mutter des Herrn anzurufen. „Gegrüßet seist du, Maria" oder ein anderes Mariengebet oder ein Marienlied.

ABSCHLIESSENDES SEGENSWORT

298. **Z.:** Herr, gib ihm (ihr) und allen Verstorbenen die ewige Ruhe.

A.: Und das ewige Licht leuchte ihnen.

Z.: Laß sie ruhen in Frieden.

A.: Amen.

299. Die Anwesenden treten an das Grab und drücken ihre Anteilnahme in ortsüblicher Weise aus.

Salve Regina!

SEGNUNGEN

300. Der Mensch vollzieht sein Leben nicht nur in Worten, sondern auch in Gebärden, in denen er sich ausdrückt und durch die er angesprochen wird. Das gilt besonders auch im religiösen Bereich. Darauf geht die Kirche in ihren Segnungen ein. Sie sind Zeichenhandlungen, in denen der Mensch die Heilszuwendung Gottes erfahren darf. Die Gaben der Schöpfung und die Werke der Menschen sind Anlaß, daß wir uns zu Gott hinkehren, ihm danken, ihn preisen und ihn um seine Hilfe bitten.

Gestaltung und Elemente

301. Die im „Benediktionale" angebotene Vollform der Segnungen (vgl. Nr. 304) kann durch Erweiterung oder Kürzung an die jeweilige Situation angepaßt werden. Dabei soll die Struktur gewahrt bleiben. Außer dem Segensgebet gehören als wichtigste Elemente zu jeder Segenshandlung die Schriftlesung oder wenigstens ein Schriftwort und eine kurze Deutung der Segenshandlung, damit der Zusammenhang zwischen dem Heilswerk Gottes und der Segenshandlung deutlich gemacht wird.

Dem Segensgebet gehen nach Möglichkeit Anrufungen voraus. Im Segensgebet ist mit der Anrede Gottes ein Lobpreis Gottes verbunden. Dabei nennt man die Personen oder Gegenstände, die gesegnet werden, und stellt deren Beziehung zum Heilswerk Gottes heraus.

In den Bitten wird für den Menschen die Hilfe Gottes oder der rechte Gebrauch und Nutzen einer Sache erbeten.

302. Neben den einzelnen Elementen kommt den begleitenden Handlungen besondere Bedeutung zu. So soll das Kreuzzeichen bei keiner Segnung fehlen, da es auf das Kreuz des Herrn als Höhepunkt allen Lobpreises, als die Quelle allen Segens und die Ursache aller Gnade hinweist. Das Weihwasser weist hin auf Leben und Reinigung und erinnert an die Taufe. Beim Segnen kann es die Lebensmacht Gottes zeichenhaft verdeutlichen.

Das Auflegen oder Ausbreiten der Hände bei der Segnung von Personen bringt die Bitte um den Segen Gottes über sie und die Mitteilung des Segens durch die Kirche besonders stark zum Ausdruck. Die Fürbitten sollen vom Anlaß der Feier her geprägt sein, sich aber nicht bloß auf den Kreis der Versammelten beschränken.
Sie werden in der Regel im Gebet des Herrn zusammengefaßt. Die Feier schließt mit dem Segen und der Entlassung.

Hinweise

303. Wird eine Segnung erbeten, die nicht im „Benediktionale" enthalten ist, kann man eine ähnliche auswählen und an die Situation anpassen oder entsprechend den dargelegten Grundsätzen eine Segnungsfeier zusammenstellen. Dabei soll man darauf achten, daß das lobpreisende Element nicht fehlt.
Die liturgische Kleidung richtet sich nach der Stellung des Segnenden, dem Anlaß und den Teilnehmern. Die Farbe der Paramente ist Weiß oder der Zeit des Kirchenjahres oder dem jeweiligen Fest entsprechend.

AUFBAU EINER SEGENSFEIER

304. Die Grund- und Vollform einer Segensfeier umfaßt die im Folgenden aufgeführten zehn Elemente.
Sie kann durch Erweiterung oder Kürzung an die jeweilige Situation angepaßt werden.

1. ERÖFFNUNG

Die Segensfeier wird mit Gesang oder Musik eröffnet. Danach spricht der Zelebrant:

Z.: Im Namen des Vaters und des Sohnes und des Heiligen Geistes.
A.: Amen.

2. BEGRÜSSUNG UND EINFÜHRUNG

Der Zelebrant begrüßt die Anwesenden mit der folgenden oder einer anderen Grußformel:

Z.: Der Herr sei mit euch.
A.: Und mit deinem Geiste.

Danach führt der Zelebrant in die Feier ein.

3. ERÖFFNUNGSGEBET

Es können Kyrie-Rufe folgen.
Die Eröffnung wird mit einem Gebet abgeschlossen. Das Eröffnungsgebet kann auf eine der folgenden Weisen gesungen werden.

Erste Singweise:

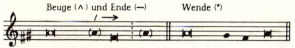

Zweite Singweise:

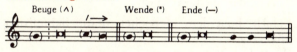

4. SCHRIFTLESUNG

Es folgt eine Schriftlesung oder ein Schriftwort entweder aus der betreffenden Segnung oder eine andere passende Lesung.

5. ANTWORTGESANG

Nach der Lesung oder nach der Ansprache wird ein Psalm oder Lied gesungen.

6. ANSPRACHE

Die Ansprache soll auf die Situation und Einstellung der Teilnehmer eingehen und die Segenshandlung aus dem Wort Gottes deuten.

7. SEGNUNG

Der Höhepunkt der Feier ist das Segensgebet, dem Anrufungen vorausgehen können. Das Kreuzzeichen als Segensgeste sollte bei keiner Segnung fehlen. Außerdem empfehlen sich die Verwendung von Weihwasser oder Weihrauch oder eine Handauflegung.
Zu den Anrufungen vor dem Segensgebet siehe die folgenden vier Modelle:

A Erste Form der Anrufungen:

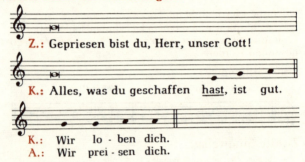

Z.: Gepriesen bist du, Herr, unser Gott!

K.: Alles, was du geschaffen hast, ist gut.

K.: Wir loben dich.
A.: Wir preisen dich.

K.: Du hast dem Menschen deine Schöpfung anvertraut.
Wir loben dich.
A.: Wir preisen dich.
K.: Aus deiner Hand kommt jede gute Gabe.
Wir loben dich.
A.: Wir preisen dich.
K.: Ehre sei dem Vater und dem Sohn und dem Heiligen Geist.
A.: Wie im Anfang, so auch jetzt und alle Zeit und in Ewigkeit. Amen.

B Zweite Form der Anrufungen:

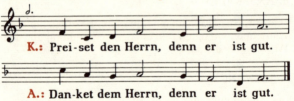

K.: Prei-set den Herrn, denn er ist gut.

A.: Dan-ket dem Herrn, denn er ist gut.

K.: Er segnet uns in seinem Sohn (Geist).
A.: Danket dem Herrn, denn er ist gut.

C Dritte Form der Anrufungen:

Z.: Der Name des Herrn sei gepriesen.
A.: Von nun an bis in Ewigkeit.

Vierte Form der Anrufungen: **D**

Z.: Unsere Hilfe ist im Namen <u>des</u> Herrn.
A.: Der Himmel und Erde <u>er</u>schaffen hat.
Z.: Herr, erhöre mein Gebet.
A.: Und laß mein Rufen zu dir kommen.

8. FÜRBITTEN

Auf das Segensgebet folgen Fürbitten. Sie sollen vom Anlaß der Feier her geprägt sein.

9. GEBET DES HERRN

Das Gebet des Herrn schließt die Fürbitten ab. Es kann durch einen Vorspruch eingeleitet und durch eine Oration abgeschlossen werden.

10. ENTLASSUNG

Die Feier schließt mit Segen und Entlassungsruf.
Der Segen kann in einfacher Form gegeben werden oder als feierlicher Segen oder mit einem Segensgebet über das Volk.

Einfacher Segen mit Entlassungsruf:

Z.: **Der Segen des allmächtigen Gottes, des Vaters und des Sohnes ✝ und des Heiligen Geistes, komme auf euch herab und bleibe bei euch allezeit.**
A.: **Amen.**
Z.: **Gehet hin in Frieden.**
A.: **Dank sei Gott, dem Herrn.**

SEGNUNG DES WEIHWASSERS

305. Das Weihwasser erinnert uns vor allem an die Taufe, in der wir aus dem Wasser und dem Heiligen Geist geboren wurden. Der Christ bezeichnet sich damit, um sich dankbar dieses großen Geschenkes zu erinnern. Bei ihren Segnungen besprengt die Kirche auch Dinge mit geweihtem Wasser.

ERÖFFNUNG

Die Feier wird mit Gesang oder Musik eröffnet.

Z.: Im Namen des Vaters und des Sohnes und des Heiligen Geistes. Amen.
Die Gnade des Herrn Jesus Christus sei mit euch.
A.: Und mit deinem Geiste.

Der Zelebrant führt in die Feier ein. Die Eröffnung schließt mit einem Gebet, dem Kyrie-Rufe vorausgehen können.

V.: Herr Jesus Christus, du hast am Kreuz die Sünde der Welt getilgt.
K.: Herr, erbarme dich (unser).
A.: Herr, erbarme dich (unser).
V.: Du hast uns den Heiligen Geist gesandt, damit wir das Leben haben.
K.: Christus, erbarme dich (unser).
A.: Christus, erbarme dich (unser).
V.: Du hast uns in der Taufe zu Kindern deines Volkes berufen.
K.: Herr, erbarme dich (unser).
A.: Herr, erbarme dich (unser).
Z.: Lasset uns beten.
Gütiger Gott, durch das Wirken deiner Gnade schenkst du uns schon auf Erden den Anfang des ewigen Lebens. Vollende, was du in uns begonnen hast, und führe uns hin zu jenem Licht, in dem du selber wohnst.
Darum bitten wir durch Christus, unseren Herrn.
A.: Amen.

LESUNG

A Ez 36, 25–28: *Ich gieße reines Wasser über euch aus, dann werdet ihr rein*

Lesung aus dem Buch Ezechiel.
So spricht Gott, der Herr: ²⁵Ich gieße reines Wasser über euch aus, dann werdet ihr rein. Ich

reinige euch von aller Unreinheit, von all euren Götzen. ²⁶Ich schenke euch ein neues Herz und lege einen neuen Geist in euch. Ich nehme das Herz von Stein aus eurer Brust und gebe euch ein Herz von Fleisch. ²⁷Ich lege meinen Geist in euch und bewirke, daß ihr meinen Gesetzen folgt, auf meine Gebote achtet und sie erfüllt. ²⁸Dann werdet ihr in dem Land wohnen, das ich euren Vätern gab. Ihr werdet mein Volk sein, und ich werde euer Gott sein.

Oder das Schriftwort:

Das Lamm in der Mitte vor dem Thron wird die **B** Heiligen zu den Quellen führen, aus denen das Wasser des Lebens strömt (Offb 7, 17).

ANTWORTGESANG

Es kann Psalm 42 (GL 726) oder ein passendes Lied gewählt werden.

SEGENSGEBET

(Singweise Nr. 304/7B – GL 280)

K.: Preiset den Herrn, denn er ist gut.
A.: Danket dem Herrn, denn er ist gut.
K.: Wir sind getauft zu einem Leib.
A.: Danket dem Herrn, denn er ist gut.
Z.: Lasset uns beten.
Herr, allmächtiger Vater, höre auf das Gebet deines Volkes, das deiner großen Taten gedenkt: Wunderbar hast du uns erschaffen und noch wunderbarer erlöst. Du hast das Wasser geschaffen, damit es das dürre Land fruchtbar mache und unseren Leib reinige und erquicke. Du hast es in den Dienst deines Erbarmens gestellt: Durch das Rote Meer hast du dein Volk aus der Knechtschaft Ägyptens befreit und in der Wüste mit Wasser aus dem Felsen seinen Durst gestillt. Im Bild des lebendigen Wassers verkündeten die

Propheten einen neuen Bund, den du mit den Menschen schließen wolltest. Durch Christus hast du im Jordan das Wasser geheiligt, damit durch das Wasser der Wiedergeburt sündige Menschen neu geschaffen werden.
Segne, Herr, ✝ dieses Wasser, damit es uns ein Zeichen sei für die Taufe, die wir empfangen haben.
Darum bitten wir durch Christus, unseren Herrn.
A.: Amen.

SEGNUNG DES SALZES

Wo Ortsgewohnheit oder feste Überlieferung es nahelegen, bei der Segnung dem Wasser Salz beizumischen, segnet der Priester das Salz:

Z.: Lasset uns beten.
Allmächtiger Gott, wir bitten dich:
Segne ✝ dieses Salz. Du hast dem Propheten Elischa geboten, schal gewordenem Wasser durch Salz wieder Kraft zu geben. Gewähre, daß, wo dieses vom Salz durchwirkte Wasser ausgesprengt wird, dein Heiliger Geist zugegen sei, alle Anfechtungen des Bösen abwende und uns durch seine Kraft behüte.
Darum bitten wir durch Christus, unseren Herrn.
A.: Amen. (MB 1173)

Der Zelebrant bezeichnet sich mit dem Weihwasser und besprengt damit alle Anwesenden.

FÜRBITTEN

Z.: Laßt uns zu unserem Herrn und Gott, der Quelle alles Lebens, beten.
V.: Allmächtiger Gott, führe alle Menschen zum Leben, das du ihnen zugedacht hast.
A.: Wir bitten dich, erhöre uns.

V.: Gib den Christen Kraft, dich zu bekennen und als Getaufte zu leben.
A.: Wir bitten dich, erhöre uns.
V.: Laß uns mit Zuversicht dem unverlierbaren Leben bei dir entgegengehen.
A.: Wir bitten dich, erhöre uns.
V.: Segne alle, die sich mit diesem geweihten Wasser bezeichnen werden.
A.: Wir bitten dich, erhöre uns.
V.: Schenke den Verstorbenen, deren Gräber damit besprengt werden, das ewige Leben.
A.: Wir bitten dich, erhöre uns.
Z.: Als Kinder Gottes dürfen wir voll Vertrauen sprechen:
A.: Vater unser ... Denn dein ist das Reich ...

ENTLASSUNG

Z.: Barmherziger Gott, wache über das Volk, das du dir erwählt hast. Bewahre alle Getauften in deiner Gnade und führe sie zum ewigen Leben. Darum bitten wir durch Christus, unseren Herrn.
A.: Amen.
Z.: Und der Segen des allmächtigen Gottes, des Vaters und des Sohnes ✝ und des Heiligen Geistes, komme auf euch herab und bleibe bei euch allezeit.
A.: Amen.
Z.: Gehet hin in Frieden.
A.: Dank sei Gott, dem Herrn.

Weitere Vorschläge zum Singen:

– Eröffnung:
GL 637 (= KGB 664) Laßt uns loben

– Antwortgesang:
KGB 211 + 212 LV Meine Seele + Ps 41
KGB 469 Wie der Hirsch
GL 635 Ich bin getauft

SEGNUNG EINES KREUZES

306. Das Kreuz ist für die Christen ein Gegenstand besonderer Verehrung. Es erinnert an die Erlösungstat Christi und an die Kirche, die vom Kreuze gekommen ist, und verheißt ewiges Heil.

LESUNG

Gal 6, 14–16: *Ich rühme mich des Kreuzes Christi*

Lesung aus dem Brief an die Galater.
¹⁴ **Ich will mich allein des Kreuzes Jesu Christi, unseres Herrn, rühmen, durch das mir die Welt gekreuzigt ist und ich der Welt.** ¹⁵ **Denn es kommt nicht darauf an, ob einer beschnitten oder unbeschnitten ist, sondern darauf, daß er neue Schöpfung ist.** ¹⁶ **Friede und Erbarmen komme über alle, die sich von diesem Grundsatz leiten lassen, und über das Israel Gottes.**

SEGENSGEBET

Z.: Wir beten dich an, Herr Jesus Christus, und preisen dich.
A.: Denn durch dein heiliges Kreuz hast du die Welt erlöst.

Z.: Lasset uns beten.
Herr, unser Gott, dein geliebter Sohn ist am Kreuz gestorben, um alle Menschen zu erlösen. Wir bitten dich: Segne ✢ dieses Kreuz. Stärke unseren Glauben, damit wir in der Torheit des Kreuzes deine Macht und Weisheit erkennen und in Ewigkeit teilhaben an der Frucht des Todes und der Auferstehung deines Sohnes, unseres Herrn Jesus Christus, der in der Einheit des Heiligen Geistes mit dir lebt und herrscht in alle Ewigkeit.
A.: Amen.
Der Zelebrant besprengt das Kreuz mit Weihwasser.

Segnung eines Kreuzes

FÜRBITTEN

(Singweise: GL 358, 1)

Z.: Lasset uns beten zu unserem Herrn Jesus Christus, der uns durch sein heiliges Kreuz erlöst hat:

V.: Herr Jesus Christus, wir rufen dich an und preisen dich.

A.: Denn durch dein heiliges Kreuz hast du die Welt erlöst.

V.: Wende dich allen Menschen gütig zu, damit sie erkennen, daß du allein das Heil der Welt bist.

A.: Denn durch dein heiliges Kreuz hast du die Welt erlöst.

V.: Gib, daß alle Menschen einander als Brüder und Schwestern annehmen.

A.: Denn durch dein heiliges Kreuz hast du die Welt erlöst.

V.: Rette alle, die uns in diesem Zeichen gläubig vorangegangen sind.

A.: Denn durch dein heiliges Kreuz hast du die Welt erlöst.

Weitere Fürbitten sollen im Hinblick auf die konkrete Situation formuliert werden.

Z.: Im Vertrauen auf die rettende Macht deines Kreuzes beten wir gemeinsam:

A.: Vater unser ... Denn dein ist das Reich ...

Z.: Himmlischer Vater, wir verehren das Kreuz deines Sohnes Jesus Christus und preisen seine Auferstehung, denn durch das Kreuz kam Freude in alle Welt. Im Kreuz ist uns Heil geworden durch ihn, Jesus Christus, unseren Herrn.

A.: Amen.

Zum Abschluß kann ein passendes Lied gesungen werden, z. B.: GL 178 (= KGB 169) Wir danken dir, Herr Jesu Christ
oder GL 553 Du König auf dem Kreuzesthron!

SEGNUNG EINES MARIENBILDES

307. Die Bilder der Heiligen erinnern an die Fürsprache, welche die Heiligen vor Gott einlegen. „Der Brauch, in den Kirchen der Gläubigen heilige Bilder zur Verehrung darzubieten, werde nicht angetastet. Doch sollen sie in mäßiger Zahl und rechter Ordnung aufgestellt werden, damit sie nicht die Verwunderung der Gläubigen erregen und einer weniger gesunden Frömmigkeit Vorschub leisten" (II. Vat. Konzil, Konstitution über die heilige Liturgie, Art. 125).

LESUNG

Es ist sinnvoll, eine dem Inhalt des Bildes entsprechende Lesung auszuwählen.

Lk 1, 42–48: *Von nun an preisen mich selig alle Geschlechter*

Lesung aus dem heiligen Evangelium nach Lukas.
⁴²Elisabet rief mit lauter Stimme: Gesegnet bist du mehr als alle anderen Frauen, und gesegnet ist die Frucht deines Leibes. ⁴³Wer bin ich, daß die Mutter meines Herrn zu mir kommt? ⁴⁴In dem Augenblick, als ich deinen Gruß hörte, hüpfte das Kind vor Freude in meinem Leib. ⁴⁵Selig ist die, die geglaubt hat, daß sich erfüllt, was der Herr ihr sagen ließ. ⁴⁶Da sagte Maria: Meine Seele preist die Größe des Herrn, ⁴⁷und mein Geist jubelt über Gott, meinen Retter. ⁴⁸Denn auf die Niedrigkeit seiner Magd hat er geschaut. Siehe, von nun an preisen mich selig alle Geschlechter!

SEGENSGEBET

Z.: Der Name des Herrn sei gepriesen.
A.: Von nun an bis in Ewigkeit.
Z.: Lasset uns beten.
Allmächtiger Gott, wir preisen dich, denn Großes hast du an Maria getan. In ihr schauen wir, wie reich du auch uns in deinem Erbarmen beschenkt hast.
Segne ✢ dieses Bild, das uns daran erinnert, daß Maria, die Mutter Christi, auch unsere Mutter ist, die wir in jeder Not anrufen dürfen. Gib, daß wir wie Maria deinem Sohn nachfolgen und zur ewigen Gemeinschaft mit ihm gelangen.
Darum bitten wir durch Christus, unseren Herrn.
A.: Amen.

Der Zelebrant besprengt das Bild mit Weihwasser.

FÜRBITTEN

Z.: Voll Vertrauen rufen wir zu unserem Herrn Jesus Christus:
V.: Christus, Sohn des himmlischen Vaters, deine Mutter Maria sei auch uns eine gütige Mutter und eine treue Beschützerin. – Stille –
K.: Christus, höre uns.
A.: Christus, erhöre uns.

V.: Tröste alle Menschen, die bedrückt sind.
– Stille –
K.: Christus, höre uns.
A.: Christus, erhöre uns.

V.: Laß unsere Verstorbenen teilhaben an der Herrlichkeit, in die Maria bereits aufgenommen wurde. – Stille –
K.: Christus, höre uns.
A.: Christus, erhöre uns.

Weitere Fürbitten sollen im Hinblick auf die konkrete Situation formuliert werden.

Z.: Nach dem Zeugnis des Evangeliums hat Maria in einem Lobgesang die Großtaten Gottes besungen. Auch unser Gebet sei ein Lobpreis auf den Vater im Himmel:
A.: Vater unser ... Denn dein ist das Reich ...
Z.: Herr und Gott, erhöre unser Gebet und erbarme dich aller Menschen durch Christus, unseren Herrn.
A.: Amen.

Die Segnung wird mit einem Marienlied oder mit einem Mariengebet beschlossen, z. B.: Gegrüßet seist du, Maria; Sei gegrüßt, o Königin; Unter deinen Schutz und Schirm.

Weitere Vorschläge zum Singen:
– Schlußlied:
GL 588 (= KGB 849) Sagt an, wer ist doch diese.

SEGNUNG EINES HEILIGENBILDES

308. Hinweise siehe Nr. 307.

LESUNG

Es ist sinnvoll, eine dem Inhalt des Bildes entsprechende Lesung auszuwählen. Der folgende Vorschlag ist allgemeiner Art.

Offb 7, 4.9–10.13–17: *Die Heiligen vor dem Thron Gottes*

Lesung aus der Offenbarung des Johannes.
[4] Ich erfuhr die Zahl derer, die mit dem Siegel gekennzeichnet waren. Es waren hundertvierundvierzigtausend aus allen Stämmen der Söhne Israels, die das Siegel trugen. [9] Danach sah ich: eine große Schar aus allen Nationen und Stämmen, Völkern und Sprachen; niemand konnte sie zählen. Sie standen in weißen Gewändern

vor dem Thron und vor dem Lamm und trugen Palmzweige in den Händen. [10] Sie riefen mit lauter Stimme: Die Rettung kommt von unserem Gott, der auf dem Thron sitzt, und von dem Lamm! [13] Da fragte mich einer der Ältesten: Wer sind diese, die weiße Gewänder tragen, und woher sind sie gekommen? [14] Ich erwiderte ihm: Mein Herr, das mußt du wissen. Und er sagte zu mir: Es sind die, die aus der großen Bedrängnis kommen; sie haben ihre Gewänder gewaschen und im Blut des Lammes weiß gemacht. [15] Deshalb stehen sie vor dem Thron Gottes und dienen ihm bei Tag und Nacht in seinem Tempel; und der, der auf dem Thron sitzt, wird sein Zelt über ihnen aufschlagen. [16] Sie werden keinen Hunger und keinen Durst mehr leiden, und weder Sonnenglut noch irgendeine sengende Hitze wird auf ihnen lasten. [17] Denn das Lamm in der Mitte vor dem Thron wird sie weiden und zu den Quellen führen, aus denen das Wasser des Lebens strömt, und Gott wird alle ihre Tränen abwischen.

SEGENSGEBET

Z.: Der Name des Herrn sei gepriesen.
A.: Von nun an bis in Ewigkeit.
Z.: Lasset uns beten.
Allmächtiger, ewiger Gott, wir preisen dich in deinen Heiligen. Ihr Leben ist uns ein Vorbild, ihre Fürbitte erwirkt uns Hilfe, in ihrer Gemeinschaft erwarten wir das Erbe der Kinder Gottes. Segne ✢ dieses Bild (diese Statue) des (der) heiligen N. Gib, daß wir ihn (sie) nicht nur vor diesem Bild anrufen, sondern ihn (sie) auch nachahmen und so treue Zeugen deiner Wahrheit und Liebe werden. Blicke auf sein (ihr) heiliges Leben und Sterben und gewähre uns auf seine (ihre) Fürsprache Hilfe und Schutz.

Darum bitten wir durch Christus, unseren Herrn.
A.: Amen.

Der Zelebrant besprengt das Bild mit Weihwasser.

FÜRBITTEN

(Singweise: GL 358, 1)

Z.: Wir beten zu Gott, der uns in den Heiligen leuchtende Zeichen seiner Liebe geschenkt hat:
V.: Vater im Himmel, stärke durch das Vorbild der Heiligen unseren Glauben an deine Verheißungen.
A.: Wir bitten dich, erhöre uns.
V.: Behüte uns und alle Menschen vor der Macht des Bösen.
A.: Wir bitten dich, erhöre uns.
V.: Gib auch in unserer Zeit den Menschen Mut, deinem Sohn Jesus Christus nachzufolgen.
A.: Wir bitten dich, erhöre uns.

Weitere Fürbitten sollen im Hinblick auf die konkrete Situation formuliert werden.

Z.: Laßt uns beten, wie der Herr uns zu beten gelehrt hat:
A.: Vater unser ... Denn dein ist das Reich ...
Z.: Herr und Gott, erhöre unser Gebet und laß uns erfahren, daß deine Heiligen uns nahe sind und für uns eintreten.
Darum bitten wir durch Christus, unseren Herrn.

Zum Abschluß kann ein Lied zum Heiligen gesungen werden, dessen Bild gesegnet wurde.

SEGNUNG EINES ROSENKRANZES

309. Der Rosenkranz ist ein biblisches Gebet, das die Geheimnisse der Menschwerdung und Erlösung betrachtet. Insofern ist er ein christozentrisches Gebet. Sein charakteristisches Element, die meditative litaneiartige Wiederholung des „Gegrüßet seist du, Maria", hat seinen Höhepunkt im Lobpreis Christi. Die Geheimnisse des Lebens des Herrn werden mit den Augen und dem Herzen jener Frau geschaut, die dem Herrn am nächsten stand, so daß sich uns dessen unergründliche Reichtümer auftun (vgl. Paul VI., Marialis cultus, Nr. 46–47).

LESUNG

Apg 1, 12–14: *Die Apostel verharrten im Gebet, zusammen mit Maria*

Lesung aus der Apostelgeschichte.
Nach der Himmelfahrt Jesu [12] **kehrten die Jünger vom Ölberg nach Jerusalem zurück.** [13] **Als sie in die Stadt kamen, gingen sie in das Obergemach hinauf, wo sie nun ständig blieben: Petrus und Johannes, Jakobus und Andreas, Philippus und Thomas, Bartholomäus und Matthäus, Jakobus, der Sohn des Alphäus, und Simon, der Zelot, sowie Judas, der Sohn des Jakobus.** [14] **Sie alle verharrten dort einmütig im Gebet, zusammen mit den Frauen und mit Maria, der Mutter Jesu, und mit seinen Brüdern.**

ANRUFUNGEN

(Singweise GL 353, 6)

V.: Herr Jesus Christus, du bist für uns Mensch geworden.
K.: Herr, erbarme dich (unser).
A.: Herr, erbarme dich (unser).

V.: Du bist für uns am Kreuz gestorben.
K.: Christus, erbarme dich (unser).
A.: Christus, erbarme dich (unser).
V.: Du bist für uns vom Tode auferstanden.
K.: Herr, erbarme dich (unser).
A.: Herr, erbarme dich (unser).

SEGENSGEBET

Z.: Der Name des Herrn sei gepries̲en.
A.: Von nun an bis in E̲wigkeit.
Z.: Lasset uns beten.
Herr Jesus Christus, wir glauben und bekennen, daß du aus Maria, der Jungfrau, Mensch geworden bist, wie es der Engel verkündet hat.
Wir bitten dich: Segne ✟ diesen Rosenkranz und jeden, der ihn zur Ehre deiner Mutter in die Hand nimmt. Laß alle, die mit Maria die Geheimnisse deines Lebens, deines Leidens und deiner Verherrlichung betend erwägen, immer mehr eindringen in die Tiefe des Reichtums, der Weisheit und der Erkenntnis des Vaters, mit dem du lebst und herrschest in alle Ewigkeit.
A.: Amen.

Der Zelebrant besprengt den Rosenkranz mit Weihwasser.

FÜRBITTEN

Z.: Wir beten zu Christus, dem Sohne Mariens:
V.: Herr Jesus Christus, laß uns, wie Maria, Gottes Wort hören und es befolgen. – *Stille* –
K.: Christus, höre uns.
A.: Christus, erhöre uns.

V.: Stärke alle, die von Not und Schmerz bedrückt sind, damit sie voll Vertrauen aufblicken zu deinem Kreuz. – *Stille* –
K.: Christus, höre uns.
A.: Christus, erhöre uns.

V.: Schenke uns den Heiligen Geist, der das Antlitz der Erde erneuern kann. – Stille –
K.: Christus, höre uns.
A.: Christus, erhöre uns.

Weitere Fürbitten sollen im Hinblick auf die konkrete Situation formuliert werden.

Z.: Lasset uns beten, wie der Herr uns zu beten gelehrt hat:
A.: Vater unser ... Denn dein ist das Reich ...
Z.: Himmlischer Vater, erhöre gütig unser Gebet, das wir im Vertrauen auf die Fürsprache Mariens an dich richten.
Darum bitten wir durch Christus, unseren Herrn.
A.: Amen.

Es ist zu empfehlen, die Segnung mit dem gemeinsamen Beten wenigstens eines Teiles des Rosenkranzes zu beschließen.

ALLGEMEINES SEGENSGEBET FÜR RELIGIÖSE ZEICHEN

310. Dieses Segensgebet kann für die Segnung jener religiösen Zeichen verwendet werden, für die kein eigener Text bereitsteht. Ebenso eignet es sich für die gleichzeitige Segnung verschiedenartiger religiöser Zeichen.

LESUNG

Lk 11, 9–13: *Bittet, dann wird euch gegeben*

Lesung aus dem heiligen Evangelium nach Lukas.
⁹Jesus sagte: Bittet, dann wird euch gegeben; sucht, dann werdet ihr finden; klopft an, dann wird euch geöffnet. ¹⁰Denn wer bittet, der emp-

fängt; wer sucht, der findet; und wer anklopft, dem wird geöffnet. ¹¹ Oder ist unter euch ein Vater, der seinem Sohn eine Schlange gibt, wenn er um einen Fisch bittet, ¹² oder einen Skorpion, wenn er um ein Ei bittet? ¹³ Wenn nun schon ihr, die ihr böse seid, euren Kindern gebt, was gut ist, wieviel mehr wird der Vater im Himmel den Heiligen Geist denen geben, die ihn bitten.

SEGENSGEBET

Z.: Unsere Hilfe ist im Namen des Herrn.
A.: Der Himmel und Erde erschaffen hat.
Z.: Herr, erhöre mein Gebet.
A.: Und laß mein Rufen zu dir kommen.
Z.: Lasset uns beten.
Herr und Gott, segne ☩ alle, die dieses Zeichen (diese Zeichen) aufbewahren oder bei sich tragen. Es soll (Sie sollen) uns anregen, im Gebet bei dir Hilfe zu suchen und dir und den Menschen immer besser zu dienen. Darum bitten wir durch Christus, unseren Herrn.
A.: Amen.

Der Zelebrant besprengt die geweihten Zeichen mit Weihwasser.

FÜRBITTEN
(Singweise: GL 358, 1)

Z.: In der Kraft des Heiligen Geistes bitten wir den Vater im Himmel:
V.: Herr und Gott, schenke allen Menschen dein Erbarmen und deine Liebe.
A.: Wir bitten dich, erhöre uns.
V.: Gib der Welt deine Gerechtigkeit und deinen Frieden.
A.: Wir bitten dich, erhöre uns.
V.: Mach uns zu treuen Zeugen deines Sohnes Jesus Christus.
A.: Wir bitten dich, erhöre uns.

Weitere Fürbitten sollen im Hinblick auf die konkrete Situation formuliert werden.

Z.: Lasset uns beten, wie der Herr uns zu beten gelehrt hat:
A.: Vater unser ... Denn dein ist das Reich ...
Z.: Herr, du bist gut, und deine Taten sind groß. Erhöre unser Gebet und schenke uns dein Heil. Darum bitten wir durch Christus, unseren Herrn.
A.: Amen.

SEGNUNG EINER FAMILIE

311. Die Familie wird schon in der alten Kirche als eine „Ecclesiola" (Kleinkirche) oder eine Art Hauskirche bezeichnet. Sie ist der wichtigste Ort der personalen Gottesbegegnung und der Einübung in den Glaubensvollzug. Die Familie ist eine Zelle im Lebensorganismus Kirche.

LESUNG

Phil 2, 1–4: *Seid eines Sinnes*

Lesung aus dem Brief an die Philipper.
[1] Wenn es Ermahnung in Christus gibt, Zuspruch aus Liebe, eine Gemeinschaft des Geistes, herzliche Zuneigung und Erbarmen, [2] dann macht meine Freude dadurch vollkommen, daß ihr eines Sinnes seid, einander in Liebe verbunden, einmütig und einträchtig, [3] daß ihr nichts aus Ehrgeiz und nichts aus Prahlerei tut! Sondern in Demut schätze einer den andern höher ein als sich selbst! [4] Jeder achte nicht nur auf das eigene Wohl, sondern auch auf das der anderen!

SEGENSGEBET

Z.: Lasset uns beten.
Wir preisen dich, Herr, unser Gott, denn es war dein Wille, daß dein Sohn in einer menschlichen Familie gelebt und ihre Sorgen und Freuden geteilt hat.
Schütze und bewahre diese Familie. Stärke sie mit deiner Gnade und mache sie zufrieden und glücklich. Hilf allen Gliedern dieser Familie, einander in Enttäuschungen und Leiden beizustehen. Laß sie in Liebe und Eintracht für dich und füreinander dasein und einander dienen, wie dein Sohn es uns vorgelebt hat, der mit dir lebt und herrscht in alle Ewigkeit.
A.: Amen.
Z.: Es segne euch der allmächtige Gott, der Vater und der Sohn ✢ und der Heilige Geist.
A.: Amen.

Zum Abschluß kann ein Marienlied gesungen werden.

KINDERSEGNUNG

312. Eltern bitten gerne um den Segen für ihre Kinder, weil Kinder besonders hilfs- und schutzbedürftig sind. Die Kinder werden der Hand Gottes anvertraut.

Die Segnung kann in Gottesdiensten, bei einem Familienbesuch des Priesters oder auch auf Bitten der Eltern in der Kirche geschehen.

ERÖFFNUNG

Die Feier wird mit Gesang oder Musik eröffnet.

Z.: Im Namen des Vaters und des Sohnes und des Heiligen Geistes. Amen.
Die Gnade des Herrn Jesus, der die Kinder gesegnet hat, sei mit euch.
A.: Und mit deinem Geiste.

Kindersegnung

Der Zelebrant führt in die Feier ein. Die Eröffnung schließt mit einem Gebet, dem Kyrie-Rufe vorausgehen können.

Z.: Lasset uns beten.
Herr Jesus Christus, beim Einzug in Jerusalem hast du dich gefreut, daß die Kinder dich mit ihren Rufen begrüßt haben.
Wir bitten dich: Nimm auch unser Beten und Singen an, der du lebst und herrschest in alle Ewigkeit.
A.: Amen.

LESUNG

Mk 10, 13–16: *Jesus segnet die Kinder*

Lesung aus dem heiligen Evangelium nach Markus.
¹³ Man brachte Kinder zu Jesus, damit er ihnen die Hände auflegte. Die Jünger aber wiesen die Leute schroff ab. ¹⁴ Als Jesus das sah, wurde er unwillig und sagte zu ihnen: Laßt die Kinder zu mir kommen; hindert sie nicht daran! Denn Menschen wie ihnen gehört das Reich Gottes. ¹⁵ Amen, das sage ich euch: Wer das Reich Gottes nicht so annimmt, wie ein Kind, der wird nicht hineinkommen. ¹⁶ Und er nahm die Kinder in seine Arme; dann legte er ihnen die Hände auf und segnete sie.

ANTWORTGESANG

Dabei sollen auch die Kinder ihre Freude ausdrücken können.

ANSPRACHE

SEGENSGEBET

(Singweise GL 280)

K.: Preiset den Herrn, denn er ist gut.
A.: Danket dem Herrn, denn er ist gut.
K.: Er ist das Licht auf unserm Weg.
A.: Danket dem Herrn, denn er ist gut.
Z.: Lasset uns beten.
Himmlischer Vater, dein Sohn hat den Kindern, die man zu ihm brachte, die Hände aufgelegt. Schütze auch diese Kinder vor allem Bösen und schenke ihnen deinen Segen.

Der Zelebrant breitet die Hände über die Kinder aus.

Z.: Der Herr segne euch und behüte euch; der Herr lasse sein Angesicht über euch leuchten und sei euch gnädig; er wende euch sein Antlitz zu und schenke euch seinen Frieden!
A.: Amen. (MB 548)

Z.: Das gewähre euch der dreieinige Gott, der Vater und der Sohn ✝ und der Heilige Geist.
A.: Amen.

FÜRBITTEN

Z.: Herr Jesus, du hast die Kinder zu dir gerufen.
V.: Bleibe bei diesen Kindern mit deiner Liebe und Treue.
A.: Wir bitten dich, erhöre uns.
V.: Behüte sie vor Schaden an Leib und Seele.
A.: Wir bitten dich, erhöre uns.
V.: Laß sie wachsen an Weisheit, Alter und Gnade vor Gott und den Menschen.
A.: Wir bitten dich, erhöre uns.
V.: Segne alle Kinder auf der ganzen Welt.
A.: Wir bitten dich, erhöre uns.

An dieser Stelle können die Kinder eigene Gebete vortragen. Daran schließt sich das gemeinsame Vaterunser an.

Z.: Guter Gott, wir danken dir für deinen Segen. Bleibe bei uns auf dem Weg unseres Lebens. Laß uns einst zu dir in den Himmel kommen, wo wir dich loben dürfen in alle Ewigkeit.
A.: Amen.

Zum Abschluß wird ein Lied gesungen.

Vorschläge zum Singen:
– Eröffnung:
GL 504 O Herr, wir loben und preisen dich
GL 519 (= KGB-Anhang 055) Komm her, freu dich mit uns
– Antwortgesang:
GL 508 Dein Wort, o Herr.

SEGNUNG EINES KRANKEN KINDES

313. Die Sorge um ein Kind ist während einer Krankheit besonders groß. Durch die Segnung wird es der schützenden und heilenden Hand Gottes anvertraut. Durch die Handauflegung gewinnt dieser Segen eine besondere Ausdruckskraft und eine besondere Beziehung zu der Weise, in der Christus die Kinder gesegnet hat.

LESUNG

Es kann die Lesung von der Segnung der Kinder genommen werden (Nr. 312).

SEGENSGEBET

V.: Lasset uns beten.
**Herr Jesus Christus, du bist gut zu den Menschen und hast viele Kranke geheilt.
Segne ✢ dieses kranke Kind N. (unser krankes Kind N.) und mache es wieder gesund. Laß es wieder froh werden und zunehmen an Gnade und Weisheit vor dir und den Menschen. Wir vertrauen auf deine Güte, der du lebst und herrschest in alle Ewigkeit.**
A.: Amen.

SEGNUNG EINES KRANKEN

314. Im Kranksein erfährt der Mensch, wie anfällig und gefährdet sein Leben ist. Krankheit reißt den Menschen aus dem Leben der Gemeinschaft heraus und macht ihn zugleich besonders der Gemeinschaft bedürftig. Im Krankensegen drückt die Gemeinde, die christliche Familie, dem Kranken ihre Anteilnahme und Nähe aus, möchte ihm Hoffnung machen und erbittet für ihn Heil und Wohlergehen von Gott.

LESUNG

Mt 11, 28–30: *Kommt alle zu mir, die ihr euch plagt und schwer an eurer Last zu tragen habt*

Lesung aus dem heiligen Evangelium nach Matthäus.
In jener Zeit sprach Jesus: [28] Kommt alle zu mir, die ihr euch plagt und schwere Lasten zu tragen habt. Ich werde euch Ruhe verschaffen. [29] Nehmt mein Joch auf euch und lernt von mir; denn ich bin gütig und von Herzen demütig; so werdet ihr Ruhe finden für eure Seele. [30] Denn mein Joch drückt nicht, und meine Last ist leicht.

SEGENSGEBET

Z.: Unsere Hilfe ist im Namen des Herrn.
A.: Der Himmel und Erde erschaffen hat.
Z.: Herr, erhöre mein Gebet.
A.: Und laß mein Rufen zu dir kommen.
Z.: Lasset uns beten.
Barmherziger Gott, wir vertrauen auf dich. Aus Güte und Menschenfreundlichkeit hast du deinen Sohn als unseren Erlöser und Heiland in die Welt gesandt. Er hat Kranke geheilt, Notleidende seliggepriesen und denen Glück und Heil ver-

heißen, die an dich glauben. Deshalb sind wir zuversichtlich.
Wir bitten dich: Segne ✚ diesen Kranken N. (diese Kranke N.; unseren kranken Vater; unsere kranke Mutter . . .). Laß ihn (sie) nicht allein. Sei ihm (ihr, ihnen) nahe, wenn er (sie) mutlos wird (werden). Stärke in ihm (ihr, ihnen) die Hoffnung auf Besserung und Heilung. Vermehre in ihm (ihr, ihnen) den Glauben an dich, bei dem kein Ding unmöglich ist. Bewahre ihn (sie) in deiner Liebe, die sichtbar geworden ist in deinem Sohn Jesus Christus, der mit dir lebt und herrscht in alle Ewigkeit.
A.: Amen.

Oder:

SEGENSGEBET FÜR EINEN SCHWERKRANKEN

Z.: Lasset uns beten.
Herr Jesus Christus, du hast dich der Kranken erbarmt und ihnen deine Liebe und Sorge geschenkt.
Erbarme dich auch dieses Kranken, der (dieser Kranken, die) schwerkrank darniederliegt. Das Gebet des Glaubens richte ihn (sie) auf. Verzeihe ihm seine (ihr ihre) Sünden und schenke ihm (ihr) deine Liebe. Laß ihn (sie) geborgen sein im Willen deines Vaters, mit dem du lebst und herrschest in alle Ewigkeit.
A.: Amen.

SEGNUNG EINES HAUSES (EINER WOHNUNG)

315. Die Segnung eines neuen Hauses entspricht alter christlicher Sitte. Sie wird in der Regel von einem Priester vorgenommen.
Jesus gebot seinen Jüngern, beim Betreten eines Hauses diesem und seinen Bewohnern den Frieden

zu wünschen (Lk 10, 5). Um diesen Frieden des Herrn bitten die Bewohner mit ihren Freunden, wenn das Haus gesegnet wird. Das Haus gilt auch als Symbol der himmlischen Wohnung. Die Haussegnung soll zu einem Familienfest werden und kann mit der Meßfeier verbunden sein.

ERÖFFNUNG

Die Feier kann mit Gesang oder Musik eröffnet werden.

V.: Im Namen des Vaters und des Sohnes und des Heiligen Geistes. Amen.
Der Friede sei mit diesem Haus und mit allen, die darin wohnen.
A.: Und mit deinem Geiste.

Der Zelebrant führt in die Feier ein. Die Eröffnung schließt mit einem Gebet, dem Kyrie-Rufe vorausgehen können (Singweise GL 353, 6).

V.: Herr Jesus Christus, du hast verheißen: Wo zwei oder drei in meinem Namen versammelt sind, da bin ich mitten unter ihnen.
K.: Herr, erbarme dich (unser).
A.: Herr, erbarme dich (unser).
V.: Du hast versprochen, daß der Vater jedes Gebet erhört, das wir in deinem Namen an ihn richten.
K.: Christus, erbarme dich (unser).
A.: Christus, erbarme dich (unser).
V.: Du hast uns durch deinen Tod und deine Auferstehung zu Mitbürgern der Heiligen und zu Hausgenossen Gottes gemacht.
K.: Herr, erbarme dich (unser).
A.: Herr, erbarme dich (unser).
Z.: Lasset uns beten.
Herr Jesus Christus, du bist in das Haus des Zachäus eingekehrt.
Komme auch zu uns mit deinem Segen, der du lebst und herrschest in alle Ewigkeit.
A.: Amen.

LESUNG

Hebr 3, 1–6: *Jedes Haus wird von jemand erbaut; der aber, der alles erbaut hat, ist Gott*

Lesung aus dem Brief an die Hebräer. **A**
¹ Heilige Brüder, die ihr an der himmlischen Berufung teilhabt, schaut auf den Apostel und Hohenpriester, dem unser Bekenntnis gilt: auf Jesus, ² der – wie auch Mose in Gottes Haus – dem treu ist, der ihn eingesetzt hat. ³ Denn er hat größere Herrlichkeit empfangen als Mose, so wie der, der ein Haus baut, größeren Ruhm genießt als das Haus. ⁴ Denn jedes Haus wird von jemand erbaut; der aber, der alles erbaut hat, ist Gott. ⁵ Mose war in Gottes ganzem Haus treu als Diener, zum Zeugnis der künftigen Offenbarungen; ⁶ Christus aber ist treu als Sohn, der über das Haus Gottes gesetzt ist; sein Haus aber sind wir, wenn wir an der Zuversicht und an dem stolzen Bewußtsein festhalten, das unsere Hoffnung uns verleiht.

Oder ein Schriftwort:

Wenn ihr in ein Haus kommt, dann wünscht ihm **B**
Frieden. Wenn das Haus es wert ist, soll der Friede, den ihr ihm wünscht, bei ihm einkehren (Mt 10, 12.13a).

ANTWORTGESANG

Es kann Psalm 91 (GL 698) oder ein passendes Lied gewählt werden.

ANSPRACHE

SEGENSGEBET

(Singweise Nr. 304/7A)

Z.: Gepriesen bist du, Herr Jesus Christus!
K.: Durch deine Menschwerdung und dein Le-

ben in Nazaret hast du die Familien geheiligt.
Wir loben dich.
A.: Wir preisen dich.
K.: Du warst Maria, deiner Mutter, und Josef, deinem Pflegevater, gehorsam.
Wir loben dich.
A.: Wir preisen dich.
K.: Durch dein Wort lenkst du unseren Sinn zum Vater, bei dem unsere eigentliche Heimat ist.
Wir loben dich.
A.: Wir preisen dich.
K.: Ehre sei dem Vater und dem Sohn und dem Heiligen Geist.
A.: Wie im Anfang, so auch jetzt und alle Zeit und in Ewigkeit. Amen.

A Z.: Lasset uns beten.
Gepriesen bist du, Vater, weil dein Sohn Jesus Christus zu unserem Heil Mensch geworden ist und uns durch Wort und Beispiel gelehrt hat, deinen Willen zu tun.
Blicke in Güte auf dieses Haus und verleihe ✠ ihm deinen Segen. Erhöre die Bitten, die wir, vereint mit seinen Bewohnern, an dich richten, und schenke ihnen Frieden und Freude im Heiligen Geist, Erfolg in ihren Unternehmungen und Schutz vor allen Gefahren. Bewahre sie vor falschem Vertrauen auf vergängliche Güter und lehre sie, daß du selbst das Ziel unseres Lebens bist.
Darum bitten wir durch Christus, unseren Herrn.
A.: Amen.

Oder:

B Z.: Lasset uns beten.
Himmlischer Vater, du läßt uns schon in diesem Leben deine Güte erfahren und deine Größe preisen.
Mache uns dankbar für das, was du an uns

wirkst. Blicke in Liebe auf alle, die auf dich hoffen. Segne ✚ dieses Heim und schütze seine Bewohner. Gib ihnen deinen Frieden, bewahre sie vor Schuld und erlöse sie von dem Bösen. Schenke ihnen Anteil an den Gütern des Lebens und öffne ihr Herz für die Not des Nächsten. Laß uns nicht vergessen, daß unsere irdische Wohnung einst abgebrochen wird und daß wir berufen sind zur ewigen Gemeinschaft mit dir.
Darum bitten wir durch Christus, unseren Herrn.
A.: Amen.

Der Priester besprengt in Begleitung des Hausvaters die einzelnen Räume mit Weihwasser. Unterdessen können die übrigen Anwesenden beten, z. B.: Anrufungen aus der Allerheiligenlitanei oder ein Gesätz vom Rosenkranz.

Die Segnung eines Kreuzes oder Christusbildes siehe Nr. 306.

FÜRBITTEN

Z.: Wir beten zu unserem Herrn und Gott:
V.: Himmlischer Vater, schenke den Gliedern dieser Familie (allen, die hier wohnen,) Gesundheit und Lebensfreude.
A.: Wir bitten dich, erhöre uns.
V.: Mache sie zu Zeugen deines Wortes und erfülle sie mit dem Geist der Nächstenliebe und Hilfsbereitschaft.
A.: Wir bitten dich, erhöre uns.
V.: Erbarme dich der Kranken und lindere die Not der Armen.
A.: Wir bitten dich, erhöre uns.
V.: Schenke allen Obdachlosen ein Zuhause.
A.: Wir bitten dich, erhöre uns.
V.: Führe unsere Verstorbenen in dein ewiges Reich.
A.: Wir bitten dich, erhöre uns.
Z.: Lasset uns beten, wie der Herr uns zu beten gelehrt hat.

A.: Vater unser . . . Denn dein ist das Reich . . .
Z.: Lasset uns beten.
Gütiger Gott, du hast die Familie zur Grundlage der menschlichen Gesellschaft gemacht.
Das Beispiel der Heiligen Familie stärke in uns die Liebe und den Gehorsam, auf denen jede Gemeinschaft ruht, damit wir in der ewigen Freude deine Hausgenossen werden.
Darum bitten wir durch Christus, unseren Herrn.
A.: Amen.

Es kann ein Marienlied oder ein Mariengebet (z. B. „Unter deinen Schutz und Schirm" angefügt werden.)

SCHLUSS-SEGEN

Z.: Heute ist diesem Haus Heil widerfahren. Der Friede und der Segen mögen auf ihm ruhen und seine Bewohner erfüllen. Das gewähre euch der dreieinige Gott, der Vater und der Sohn ✞ und der Heilige Geist.
A.: Amen.

Weitere Vorschläge zum Singen:
– Eröffnung:
GL 273 Singet dem Herrn
KGB 564 Wo Gott, der Herr
– Antwortgesang:
KGB 712 + 713 Du meine Zuflucht + Ps 90
GL 291 Wer unterm Schutz.

SEGNUNG VON FAHRZEUGEN

316. Die Verkehrsmittel helfen dem Menschen, sein Leben zu gestalten:

Er ist auf sie angewiesen, um seinen Lebensunterhalt zu verdienen; er bedient sich ihrer in Freizeit und Erholung; er schätzt sie in seinem Streben, Entfernungen zu überwinden und Völker und Kulturen kennenzulernen und einander näherzubringen; er verdankt ihnen rasche Hilfe in vielfacher Gefahr und Not.

So sind die Verkehrsmittel zu einem unentbehrlichen Bestandteil im Leben des Menschen und der Gesellschaft geworden. Sie tragen dazu bei, daß der Mensch in einer veränderten Welt seinen Schöpfungsauftrag erfüllen kann. Sie fordern ihn aber auch heraus, sich seiner Verantwortung gegenüber den Mitmenschen und der Natur bewußt zu sein.

Wenn die Segnung von Kraftfahrzeugen erbeten wird, sollte man sie möglichst als Gemeinschaftsfeier halten. Besonders geeignete Termine sind der Tag der Verkehrssicherheit, der Ferienbeginn, der Christophorustag oder der 1. Mai. Dabei soll zum Ausdruck kommen, daß rechtes Verhalten im Straßenverkehr auch eine Verpflichtung vor Gott ist.

ERÖFFNUNG

Die Feier wird mit Gesang oder Musik eröffnet.

Z.: Im Namen des Vaters und des Sohnes und des Heiligen Geistes. Amen.
Gnade und Friede von Gott, unserem Vater, und dem Herrn Jesus Christus sei mit euch.
A.: Und mit deinem Geiste.

Der Zelebrant führt in die Feier ein. Die Eröffnung schließt mit einem Gebet, dem Kyrie-Rufe vorausgehen können (Singweise GL 353, 6).

V.: Herr Jesus Christus, du hast uns die Kräfte der Schöpfung in die Hand gegeben.
K.: Herr, erbarme dich (unser).
A.: Herr, erbarme dich (unser).
V.: Du hast uns zur Nächstenliebe gerufen.
K.: Christus, erbarme dich (unser).
A.: Christus, erbarme dich (unser).
V.: Du hast uns das letzte Ziel unserer irdischen Fahrt gezeigt.
K.: Herr, erbarme dich (unser).
A.: Herr, erbarme dich (unser).

Z.: Lasset uns beten.
Gott, unser Vater, wir sind dein Eigentum und setzen unsere Hoffnung allein auf deine Gnade.
Bleibe uns nahe in jeder Not und Gefahr und schütze uns.
Darum bitten wir durch Christus, unseren Herrn.
A.: Amen.

LESUNG

Tob 5, 1–10.17b–e: *Ein Engel beschützt den Tobias*

Lesung aus dem Buch Tobías.
¹ Tobías sagte zu seinem Vater Tobit: Ich will alles tun, Vater, was du mir aufgetragen hast. ² Aber wie soll ich das Geld holen? Ich kenne Gabaël doch nicht. ³ Da gab ihm der Vater den Schuldschein und sagte: Such jemand, der mit dir auf die Reise geht. Ich will ihn entlohnen, solang ich noch am Leben bin. Mach dich also auf den Weg und hol das Geld ab! ⁴ Tobías ging auf die Suche nach einem Begleiter und traf dabei Rafael; Rafael war ein Engel, aber Tobías wußte es nicht. ⁵ Er fragte ihn: Könnte ich mit dir nach Rages in Medien reisen? Bist du mit der Gegend dort vertraut? ⁶ Der Engel antwortete: Ich will mit dir reisen; ich kenne den Weg und war schon bei unserem Bruder Gabaël zu Gast. ⁷ Tobías bat ihn: Wart auf mich, ich will es meinem Vater sagen. ⁸ Der Engel antwortete ihm: Geh, aber halte dich nicht auf! ⁹ Tobías ging nach Hause und sagte zu seinem Vater: Ich habe einen Mann gefunden, der mit mir reisen will. Da sagte der Vater: Ruf ihn her zu mir! Ich möchte wissen, aus welchem Stamm er kommt und ob er auch zuverlässig genug ist, um dich zu begleiten. ¹⁰ Tobías holte den Engel; Rafael kam, und sie begrüßten einander. ¹⁷ᵇ⁻ᵉ Darauf sagte Tobit zu Tobías: Mach dich fertig zur Reise! Ich

wünsche euch alles Gute auf den Weg. Als der Sohn alles für die Reise vorbereitet hatte, sagte sein Vater zu ihm: Mach dich mit dem Mann auf den Weg! Gott, der im Himmel wohnt, wird euch auf eurer Reise behüten; sein Engel möge euch begleiten.

ANTWORTGESANG

Es kann Psalm 91 (GL 698) oder ein passendes Lied gewählt werden.

ANSPRACHE

SEGENSGEBET

Z.: Unsere Hilfe ist im Namen des Herrn.
A.: Der Himmel und Erde erschaffen hat.
Z.: Herr, erhöre mein Gebet.
A.: Und laß mein Rufen zu dir kommen.
Z.: Lasset uns beten.
Herr und Gott, wir stehen vor deinem Angesicht und rufen zu dir.
Segne ✢ diese Fahrzeuge (Kraftfahrzeuge) und beschütze alle vor Unglück und Schaden, die sie in Beruf und Freizeit benützen. Gib, daß wir im Straßenverkehr allzeit verantwortungsbewußt bleiben; mach uns rücksichtsvoll und hilfsbereit. Laß uns in allem, was wir tun, deine Zeugen sein.
Das gewähre uns durch Christus, unseren Herrn.
A.: Amen.

Der Zelebrant besprengt die Fahrzeuge mit Weihwasser.

ANRUFUNGEN UND FÜRBITTE

(Singweise GL 762, 5.7)

Z.: Wir rufen zu den Schutzheiligen des Straßenverkehrs und beten zu Gott, der uns auf allen Wegen unseres Lebens nahe ist:

V.: Heilige Maria,   A.: Bitte(t) für uns.
Heiliger Rafael,
Heiliger Paulus,
Heiliger Jakobus,
Heiliger Christophorus,
Heilige Schutzengel,

Es können noch andere Heilige des Ortes oder Landes eingefügt werden, gegebenenfalls auch die Namenspatrone der Autobesitzer.

V.: Himmlischer Vater, laß alle, die die Straßen benützen, ihre Verantwortung füreinander sehen.
A.: Wir bitten dich, erhöre uns.
V.: Hilf uns bei unserem Bemühen, Gefahren zu bannen und Unfälle zu verhindern.
A.: Wir bitten dich, erhöre uns.
V.: Bewahre uns vor Unfall und schenke uns stets eine glückliche Heimkehr.
A.: Wir bitten dich, erhöre uns.
V.: Nimm dich der Opfer von Verkehrsunfällen an und tröste ihre Angehörigen.
A.: Wir bitten dich, erhöre uns.
Z.: Laßt uns beten, wie der Herr uns zu beten gelehrt hat:
A.: Vater unser ... Denn dein ist das Reich ...
Z.: Gott, wir vertrauen auf dich.
Schenke uns deine Liebe und führe uns auf allen unseren Wegen.
Darum bitten wir durch Christus, unseren Herrn.
A.: Amen.

ENTLASSUNG

Z.: Der Herr segne euch und behüte euch.
(A.: Amen.)
Z.: Er begleite euch auf euren Wegen.
(A.: Amen.)

Z.: Er führe euch an das Ziel eurer Reisen und schenke euch eine glückliche Heimkehr.
(**A.:** Amen.)
Z.: Es segne euch der allmächtige Gott, der Vater und der Sohn ✝ und der Heilige Geist.
A.: Amen.
Z.: Gehet hin in Frieden.
A.: Dank sei Gott, dem Herrn.

Weitere Vorschläge zum Singen:
– Eröffnung:
GL 270 Kommt herbei
– Antwortgesang:
KGB 712 + 713 LV Du meine Zuflucht + Ps 90
GL 291 Wer unterm Schutz
KGB 785 Wer unter Gottes Allmacht.

SEGNUNG JEGLICHER DINGE

317. Wird eine Segnung erbeten, die nicht im „Benediktionale" enthalten ist, kann man entweder eine ähnliche auswählen und an die jeweilige Situation anpassen oder entsprechend den in der Pastoralen Einführung angegebenen Grundsätzen ein eigenes Segensgebet formulieren. Man kann auch das folgende Segensgebet verwenden.

LESUNG

1 Tim 4, 4.5: *Alles, was Gott geschaffen hat, ist gut* **A**

Lesung aus dem ersten Brief an Timotheus.
⁴ Alles, was Gott geschaffen hat, ist gut, und nichts ist verwerflich, wenn es mit Dank genossen wird; ⁵ es wird geheiligt durch Gottes Wort und durch das Gebet.

Oder:

1 Chr 29, 10–13: *Dein ist alles im Himmel und auf Erden* **B**

Lesung aus dem ersten Buch der Chronik.
¹⁰ David pries den Herrn vor der ganzen Versammlung und rief: Gepriesen bist du, Herr,

Gott unseres Vaters Israel, von Ewigkeit zu Ewigkeit. ¹¹ Dein, Herr, sind Größe und Kraft, Ruhm und Glanz und Hoheit; dein ist alles im Himmel und auf Erden. Herr, dein ist das Königtum. Du erhebst dich als Haupt über alles. ¹² Reichtum und Ehre kommen von dir; du bist der Herrscher über das All. In deiner Hand liegen Kraft und Stärke; von deiner Hand kommt alle Größe und Macht. ¹³ Darum danken wir dir, unser Gott, und rühmen deinen herrlichen Namen.

Oder das Schriftwort:

C Ob ihr eßt oder trinkt oder etwas anderes tut: tut alles zur Verherrlichung Gottes! (1 Kor 10, 31)

ANTWORTGESANG

Es kann Psalm 117 (GL 748) oder ein passendes Lied gewählt werden.

SEGENSGEBET

Z.: Der Name des Herrn sei gepriesen.
A.: Von nun an bis in Ewigkeit.
Z.: Lasset uns beten.
Allmächtiger, ewiger Gott, alles, was du geschaffen hast, ist gut, und nichts ist verwerflich, wenn wir es mit Dank von deiner Güte entgegennehmen. Es wird geheiligt durch dein Wort und unser Gebet. Dich loben und preisen wir. Dir danken wir für deine Macht und Güte. Segne ✠ diesen (diese, dieses) . . ., damit alle, die ihn (sie, es) nach deinem Willen gebrauchen, im Glauben wachsen und von dir Hilfe und Schutz erfahren. Darum bitten wir durch Christus, unseren Herrn.
A.: Amen.

FÜRBITTEN

Die Fürbitten werden im Hinblick auf den Gegenstand, der gesegnet wird, formuliert. Sie werden mit dem Vaterunser und dem folgenden Gebet abgeschlossen.

Z.: Gott, unser Vater, du Ursprung alles Guten, was wir sind und haben, kommt von dir.
Lehre uns, die Wohltaten deiner Güte zu sehen, und gib, daß wir dich mit aufrichtigem Herzen und mit allen unseren Kräften lieben.
Darum bitten wir durch Christus, unseren Herrn.
A.: Amen. (MB 1081)

ENTLASSUNG

Z.: Der Friede Gottes, der alles Begreifen übersteigt, bewahre eure Herzen und eure Gedanken in der Gemeinschaft mit Jesus Christus.
(A.: Amen.) (MB 548, II)

Z.: Das gewähre euch der dreieinige Gott, der Vater und der Sohn ✢ und der Heilige Geist.
A.: Amen.
Z.: Gehet hin in Frieden.
A.: Dank sei Gott, dem Herrn.

Weitere Vorschläge zum Singen:
– Antwortgesang:
KGB 725 + 726 LV Alleluja + Ps 116
GL 265 (= KGB 759) Nun lobet Gott.

QUELLENVERZEICHNIS

Die Feier der Eingliederung Erwachsener in die Kirche nach dem neuen Rituale Romanum. Studienausgabe. Hrsg. von den Liturgischen Instituten Salzburg, Trier, Zürich. Einsiedeln – Köln: Benziger, Freiburg – Wien: Herder 1975.

Die Feier der Kindertaufe in den katholischen Bistümern des deutschen Sprachgebietes. Hrsg. im Auftrag der Bischofskonferenzen Deutschlands, Österreichs und der Schweiz und des Bischofs von Luxemburg. Einsiedeln – Köln: Benziger, Freiburg – Basel: Herder u. a. 1971.

Die Feier der Aufnahme gültig Getaufter in die volle Gemeinschaft der katholischen Kirche in den Bistümern des deutschen Sprachgebietes. Hrsg. im Auftrag der Bischofskonferenzen Deutschlands, Österreichs und der Schweiz und der Bischöfe von Bozen-Brixen und von Luxemburg. Einsiedeln – Köln: Benziger, Freiburg – Basel: Herder u. a. 1973.

Die Feier der Firmung in den katholischen Bistümern des deutschen Sprachgebietes. Hrsg. im Auftrag der Bischofskonferenzen Deutschlands, Österreichs und der Schweiz und der Bischöfe von Bozen-Brixen und von Luxemburg. Einsiedeln – Köln: Benziger, Freiburg – Basel: Herder u. a. 1973.

Die Feier der Buße nach dem neuen Rituale Romanum. Studienausgabe. Hrsg. von den Liturgischen Instituten Salzburg, Trier, Zürich. Einsiedeln – Zürich: Benziger, Freiburg – Wien: Herder 1974.

Die Feier der Trauung in den katholischen Bistümern des deutschen Sprachgebietes. Hrsg. im Auftrag der Bischofskonferenzen Deutschlands, Österreichs und der Schweiz sowie der Bischöfe von Luxemburg, Bozen-Brixen und Lüttich. Einsiedeln – Köln: Benziger, Freiburg – Basel: Herder u. a. 1975.

Die Feier der Krankensakramente. Die Krankensalbung und die Ordnung der Krankenpastoral in den katholischen Bistümern des deutschen Sprachgebietes. Hrsg. im Auftrag der Bischofskonferenzen Deutschlands, Österreichs und der Schweiz und der Bischöfe von Bozen-Brixen und von Luxemburg. Einsiedeln – Köln: Benziger, Freiburg – Basel: Herder u. a. 1974.

Die kirchliche Begräbnisfeier in den katholischen Bistümern des deutschen Sprachgebietes. Hrsg. im Auftrag der Bischofskonferenzen Deutschlands, Österreichs und der Schweiz und des Bischofs von Luxemburg. Einsiedeln – Köln: Benziger, Freiburg – Basel: Herder u. a. 1972.

Benediktionale. Studienausgabe für die katholischen Bistümer des deutschen Sprachgebietes. Erarbeitet von der Internationalen Arbeitsgemeinschaft der Liturgischen Kommissionen im deutschen Sprachgebiet. Hrsg. von den Liturgischen Instituten Salzburg, Trier, Zürich. Einsiedeln – Zürich: Benziger, Freiburg – Wien: Herder 1978.

Meßbuch. Die Feier der Heiligen Messe. Für die Bistümer des deutschen Sprachgebietes. Authentische Ausgabe für den gottesdienstlichen Gebrauch. Hrsg. im Auftrag der Bischofskonferenzen Deutschlands, Österreichs und der Schweiz sowie der Bischöfe von Luxemburg, Bozen-Brixen und Lüttich. Einsiedeln – Köln: Benziger, Freiburg – Basel: Herder u. a. 1975.

Gotteslob. Katholisches Gebet- und Gesangbuch. Hrsg. von den Bischöfen Deutschlands, Österreichs und der Bistümer Bozen-Brixen und Lüttich. Stammausgabe. Stuttgart: Katholische Bibelanstalt 1975.

KURZTEXTE FÜR NOTFÄLLE

(Im äußersten Notfall genügt die jeweils in Großbuchstaben gedruckte sakramentale Formel.)

NOTTAUFE

Fürbitten
Glaubensbekenntnis
Wassertaufe: N., ICH TAUFE DICH IM NAMEN DES VATERS UND DES SOHNES UND DES HEILIGEN GEISTES!
Weißes Kleid
Gebet des Herrn

NOTFIRMUNG

Ausbreitung der Hände: Allmächtiger Gott, Vater unseres Herrn Jesus Christus, du hast diesen deinen Diener (diese deine Dienerin) in der Taufe von der Schuld Adams befreit, du hast ihm (ihr) aus dem Wasser und dem Heiligen Geist neues Leben geschenkt. Wir bitten dich, Herr, sende ihm (ihr) den Heiligen Geist, den Beistand. Gib ihm (ihr) den Geist der Weisheit und der Einsicht, des Rates, der Erkenntnis und der Stärke, den Geist der Frömmigkeit und der Gottesfurcht. Durch Christus, unseren Herrn. – Amen.
Chrisamsalbung: N., SEI BESIEGELT DURCH DIE GABE GOTTES, DEN HEILIGEN GEIST! – Amen.

WEGZEHRUNG

Seht das Lamm Gottes ...
Herr, ich bin nicht würdig ...
Selig, die zum Hochzeitsmahl ...
DER LEIB CHRISTI (oder: DAS BLUT CHRISTI).
– Amen.
CHRISTUS BEWAHRE DICH UND FÜHRE DICH ZUM EWIGEN LEBEN. – Amen.

BUSS-SAKRAMENT

Bekenntnis – Annahme eines Bußwerkes
Reue
Lossprechung: Gott, der barmherzige Vater, hat durch den Tod und die Auferstehung seines Sohnes die Welt mit sich versöhnt und den Heiligen Geist gesandt zur Vergebung der Sünden. Durch den Dienst der Kirche schenke er dir Verzeihung und Frieden.
SO SPRECHE ICH DICH LOS VON DEINEN SÜNDEN IM NAMEN DES VATERS UND DES SOHNES ✚ UND DES HEILIGEN GEISTES. – Amen.

PÄPSTLICHER SEGEN

(vollkommener Ablaß)

Auf Grund der mir vom Apostolischen Stuhl verliehenen Vollmacht gewähre ich dir vollkommenen Ablaß und Vergebung aller Sünden im Namen des Vaters und des Sohnes ✚ und des Heiligen Geistes. – Amen.

KRANKENSALBUNG

Allgemeines Schuldbekenntnis
(Päpstlicher Segen)
Bekenntnis des Taufglaubens
Handauflegung
(Ölweihe: Segne, Herr, dieses Öl, das für die Krankensalbung bestimmt ist, und segne auch den Kranken, der durch diese heilige Salbung Stärkung und Linderung erfahren soll.)
Salbung: DURCH DIESE HEILIGE SALBUNG HELFE DIR DER HERR IN SEINEM REICHEN ERBARMEN, ER STEHE DIR BEI MIT DER KRAFT DES HEILIGEN GEISTES! – Amen.
DER HERR, DER DICH VON SÜNDEN BEFREIT, RETTE DICH, IN SEINER GNADE RICHTE ER DICH AUF. – Amen.